SABIDURÍA SIN TIEMPO

VOLUMEN UNO

SABIDURÍA SIN TIEMPO

VOLUMEN UNO

John-Roger, D.C.E.

Mandeville Press
Los Angeles, California

©Copyright 2009
Peace Theological Seminary & College of Philosophy®

Todos los derechos reservados, incluyendo el derecho de reproducción total o parcial por cualquier medio.

Mandeville Press
P.O. Box 513935
Los Angeles, California 90051-1935
(323) 737-4055
jrbookandevillepress.org
www.mandevillepress.org

Traducción de Saúl Monard y Ana Arango
Corrección de Elizabeth Baralt y Nora Valenzuela

Impreso en los Estados Unidos de Norteamérica
ISBN: 978-1-935492-06-1

Agradecimientos

Le doy las gracias a Nat Sharrat por haberme consultado todo lo relacionado con el libro, Sabiduría Sin Tiempo, para que yo pudiera terminarlo. Gracias también a las siguientes personas que colaboraron con este libro: Betsy Alexander, compiladora y editora del mismo; David Sand, diseñador; Virginia Rose y Bambi Scott, correctoras; Lisa Liddy, diseñadora gráfica; Barbara Wieland, por haber proporcionado información de la Biblioteca y Archivos de John-Roger y a Vincent Dupont, de Mandeville Press.

Otros libros por John-Roger, D.C.E.

Abundancia y Conciencia Superior
Amando cada Día
Caminando con el Señor
¿Cómo se Siente ser Tú? (con Paul Kaye)
¿Cuándo Regresas a Casa? (con Pauli Sanderson)
Dios es tu Socio
Drogas
El Camino de Salida
El Cristo Interno y los Discípulos del Cristo
El Descanso Pleno (con Paul Kaye)
El Guerrero Espiritual
El Sexo, el Espíritu y Tú
El Tao del Espíritu
Esencia Divina (Baraka)
La Conciencia del Alma
La Familia Espiritual
La Fuente de tu Poder
La Promesa Espiritual
Manual para el Uso de la Luz
Momentum: Dejar que el Amor Guíe (con Paul Kaye)
Mundos Internos de la Meditación.
Pasaje al Espíritu
Perdonar: La Llave del Reino
Posesiones, Proyecciones y Entidades
Relaciones (versión actualizada)
Sendero a la Maestría
Viajes Durante los Sueños (versión ampliada)

Si deseas recibir mayor información, dirígete a:
Movimiento del Sendero Interno del Alma
P.O. Box 513935
Los Angeles, CA 90051-1935, EE.UU.
Teléfono: 1-323-737-4055 (EE.UU.)
pedidos@msia.org, www.msia.org

Índice

Prólogo

Desde hace por lo menos cuarenta y cinco años que el Dr. John-Roger viene hablando sobre las realidades espirituales que ha descubierto. De naturaleza curiosa y crítica, John-Roger ha explorado los vastos universos internos y externos del Espíritu con una mente abierta, una mirada clara y un corazón valeroso. Tiene una habilidad única para articular verdades acerca de la vida en este nivel físico, así como de las experiencias sublimes del Espíritu; y también nosotros, quienes estudiamos con él, animados por su amorosa guía, hemos explorado los caminos que él ha iluminado. Siempre ha sostenido que todo lo que él sabe, también lo podemos aprender nosotros, no sólo a nivel mental, acumulando palabras y conceptos, sino a través de nuestra propia experiencia.

John-Roger nos ha repetido a menudo, que él no dice nada nuevo, sino que sólo expresa en palabras actuales sabiduría sin tiempo, de aquellos que han amado y conocido a Dios a través de la historia. ¡Y qué bien lo expresa! Sus palabras están impregnadas de la energía pura del Espíritu que él lleva consigo: claras, concisas, teñidas de humor, profundas, alentadoras e, invariablemente, amorosas y de apoyo a nuestra conciencia más elevada.

Nuestros corazones se han elevado con la certeza de que ningún Alma se perderá.

Nuestra compasión se ha engrandecido al comprender que cada quien hace lo mejor que puede, en base a lo que sabe.

Se nos ha pasado un poco la vergüenza al escuchar que cualquier cosa que hayamos hecho, él también la ha hecho en todas sus existencias.

Hemos estado más dispuestos a sonreír e, incluso, a reírnos de nuestros desafíos, porque él nos ha dicho y demostrado que, si más adelante nos parecerá gracioso, es gracioso ahora.

Hemos aprendido a ser más honestos con nosotros mismos y con los demás al comprender que, por mucho que tratemos de disfrazar un asunto, éste sigue siendo lo que es.

Nos hemos sentido reconfortados amorosamente en momentos de tristeza, al experimentar internamente que su promesa: "Estoy siempre contigo", es cierta.

Y nos estamos expandiendo cada vez más para comprender la profunda verdad que él y otros místicos y maestros han experimentado: que somos divinos.

A continuación encontrarán, entonces, algunas de las verdades atemporales de John-Roger.

—Betsy Alexander

Todas Las Cosas Provienen De Dios

El mensaje de Dios es uno sólo, a pesar de haber sido relatado y expresado de muchas maneras. Ese mensaje único dice, que todo lo existente proviene de Dios, que todo existe porque Dios existe.

Nos da una gran confianza saber esto: Dios es multidimensional, está en todas partes, en todas las cosas y en todos los niveles de conciencia. Entonces, lo que parece ser negativo, es simplemente un mecanismo para aprender y no un castigo. Jesús dijo que: "Cuando se lo hacéis al más pequeño de mis hermanos, me lo hacéis a mí" (Mateo 25:40). Dado que todo proviene de Dios, cuando estamos predispuestos contra alguien, estamos predispuestos contra el despertar de nuestra propia conciencia de amor.

Dios Ama A Toda Su Creación

La Biblia dice que Dios creó al mundo y a los seres humanos, y que a Él le pareció que todo estaba muy bien. Eso significa que Dios ama al mundo y nos ama a todos. Dios nos sigue sosteniendo aquí, y también nos ha dado la capacidad de fortalecernos y cambiar de acuerdo a nuestro libre albedrío.

Eres amado tal como eres en este momento. Entiéndelo con el corazón. No tienes que hacer nada diferente para que Dios te ame. Basta con que seas quien eres. Ésta es una realidad interna incuestionable y es la verdad sobre tu persona. Si tu manera de ser y de comportarte no te hace feliz, tienes la capacidad y el derecho a cambiar. El amor de Dios está a tu disposición invariablemente, hagas lo que hagas.

Hay tanto para ti aquí, cuando te abres a ello y comienzas a funcionar conscientemente en niveles más elevados que los terrenales. Todo es una manifestación del amor; el amor es la matriz que lo hace todo posible. La energía del Espíritu es la esencia, y entramos en la era del amor viviente. El amor viviente se manifiesta cada vez que te conectas con el amor del corazón espiritual. El mensaje de la era actual es muy simple; dice que el amor de Dios está presente aquí y ahora, en el interior de cada persona. Cuando el amor se manifiesta y se materializa en este nivel, cuando es recibido y expresado, no es necesario hacer nada más.

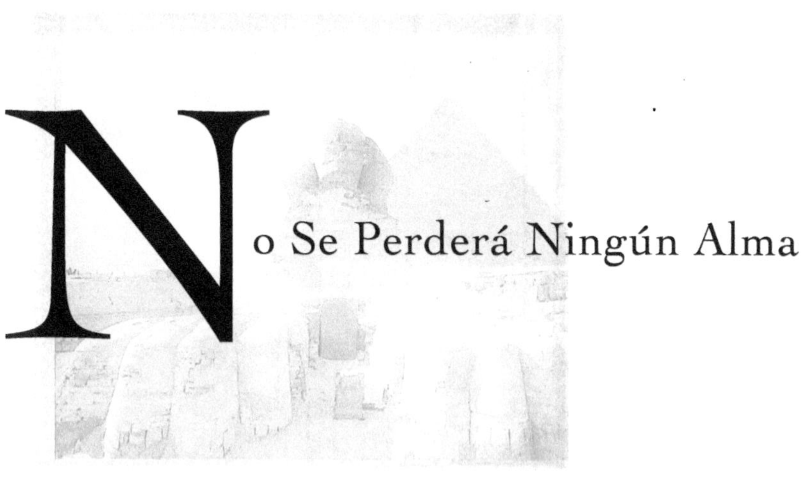

No Se Perderá Ningún Alma

A la larga, todos se liberarán del ciclo de la reencarnación; todos lo lograrán. Si tú sigues las enseñanzas y te mantienes en la conciencia del Viajero Místico, podrás liberarte del ciclo de la reencarnación durante esta vida. Así que no te preocupes ni te inquietes. El Espíritu no está preocupado y tu Alma tampoco. Ella conoce la perfección y la ve como algo que ya se ha alcanzado. Lo único que tienes que hacer tú es atravesar por el proceso con el cuerpo y la conciencia.

El Espíritu se regocija cuando regresas a casa. El camino está preparado y la puerta abierta. Lo único que tienes que hacer es entrar y reclamar tu herencia.

Eres Divino

Mucha gente dice: "Tiene que haber algo mejor que esto; tiene que haber mucho más que esto". *Hay* mucho más que esto, pero no necesariamente en el nivel físico. Dondequiera que estés, no importa lo que hagas o por lo que estés atravesando, puedes vivir la experiencia más maravillosa de todas: tomar conciencia de que eres hijo de Dios y que eres divino. Aquel a quien has estado esperando, ya está aquí y ha estado aquí hace mucho tiempo. Tú eres ese ser espiritual a quien tanto has buscado. En algún momento, dentro de tu conciencia interna, prometiste despertar a tu divinidad. Esa toma de conciencia es eternamente tuya. Tú eres aquel a quien buscas, eres el divino, el prometido, el Bienamado. De hecho, tú eres la Luz, eres divino y estás en el proceso de tomar conciencia de lo que ya eres.

Tu conciencia de Dios puede bloquearse cuando colocas la fe en el mundo, cuando profesas la grandeza de Dios en el exterior. Pero la grandeza de Dios no está ahí afuera; ella reside dentro de ti. Te garantizo que si no puedes encontrar a Dios dentro de ti, no podrás encontrarlo en ninguna parte. Cuando empieces a encontrar a Dios en tu interior, podrás encontrarlo en cualquier sitio. Y cuando encuentres a Dios por entero dentro de ti, descubrirás que Dios está en todas partes.

Eres hijo de Dios, sin importar lo que hagas. Nunca estás separado de Dios, hagas lo que hagas. No existe expresión alguna que no sea expresión de Dios. Algunas de ellas no reflejan la gloria de Dios con tanta claridad como otras. Las expresiones que tú adoptas dependen siempre de ti. Si piensas que no te mereces que te visite el Señor, significa que estás experimentando el poder negativo. Eres merecedor de Dios, porque eres uno con Él. Nunca has estado separado de Dios, pero la ilusión de este nivel físico te lleva a pensar que sí.

Por lo tanto, no te avergüences de qué o quién eres. Eres divino y perfecto. Si las circunstancias humanas no siempre reflejan esa perfección, es porque en este nivel no hay forma de manifestar la perfección. No puedes manifestarla y el Viajero tampoco. Nadie puede en realidad, así que no te preocupes de eso. Para participar en el Espíritu no tienes que hacer gimnasia, ni reducir el estómago, perder o ganar peso, tener mucho cabello o ser calvo, ni nada por el estilo, porque nada de eso tiene que ver con la energía divina del Espíritu. La negatividad sólo te señala aquello que es necesario revisar y llevar hacia la Divinidad. Hasta que verdaderamente un día, todo será divino y tú lo reconocerás como tal. La negatividad seguirá existiendo, así como lo positivo, pero para ti todo será Divino por igual. Esa es tu herencia.

Lo único que tienes que hacer es despertar a esa realidad y reconocerla. Y si te asaltan las dudas, sé amoroso. Permite que el amor sea la estrella que te guíe; deja que sea tu guía, tu aliento y tu vida. Así podrás vivir en el corazón de Dios y renovarte todo el tiempo con Su amor.

Eres Un Alma

El Alma es amor, alegría, felicidad, paz, agradecimiento, caridad, benevolencia. El Alma encarna todas las cualidades positivas.

El Alma es tu conexión con el corazón amoroso de Dios. Es agua viviente que sacia tu sed, alimento viviente que te nutre, aliento viviente que te da vida.

El primer nombre del Alma es Amor, su segundo nombre, Verdad, y su apellido, Eternos. Amor y Verdad Eternos.

El Alma—que es realmente quien tú eres—es una unidad de energía sagrada e integral tan hermosa, que el cosmos entero y todos los universos se encuentran encerrados en ella. Es un prototipo de toda la existencia, fabricado en una sola unidad de energía. A través de la energía del Alma, no hay nada que exista en ningún lugar de los universos de lo cual tú no formes parte. El pensamiento no puede concebir la grandeza del Alma. No encontrarás la majestuosidad del Alma en los libros de ciencias o de matemáticas. Quizás ni siquiera seas capaz de buscarla intencionadamente y encontrar alguna clave que despierte algo más profundo dentro de ti. Lo único que puedes hacer es soltar y reconocer: "Esto sobrepasa mi capacidad mental".

Aun así, mientras transitas por esta vida y te ocupas de tus actividades diarias, hay momentos en que la Luz te irradia y entonces tú exclamas: "¡Dios mío, gracias por Tus bendiciones!", y te sientes dichoso por un instante. Has tenido un pequeño chispazo del Alma que tú eres. Y el Alma está en todas partes: en la risa, en el brillo de la mirada, en una caricia, en la empatía que sientes cuando alguien sufre y en la dicha que te embarga cuando un ser amado es feliz. Está en todo eso y mucho más.

Experimentas al Alma directamente, no reflexionando en ella o interpretándola; lo haces directamente. Te llegan chispazos de lo que es y destellos de sabiduría. El amor lo abarca y lo llena todo. La dicha brilla internamente y se desvanece el poder que tienen las aflicciones del mundo. Todo se vuelve uno. Conoces tu fuente y tu transitar desde y hacia esa fuente. Todas las necesidades ya han sido satisfechas y no existe otra cosa que la comunión amorosa con Dios. Todas éstas son pequeñas señales de la experiencia del Alma.

Por sobre todo, el Alma es amor viviente, incorregible y sin remedio. Es el amante. Vive feliz, ignorando el dolor y el sufrimiento que padecen la personalidad, las emociones, la mente y la imaginación. Mientras más amoroso seas, más libre te sentirás de experimentar al Alma. Y cuando llegues al nivel del Alma, sólo encontrarás un conocimiento de Dios, que no depende del cuerpo, de la mente, de las emociones o de la imaginación. Simplemente es. En la conciencia del Alma no hay pensamientos ni sentimientos con relación a Dios y tampoco te imaginas cómo sería o debería ser Dios. No te involucras con la imagen que puedas tener de Él; tú simplemente estás consciente de Dios.

Descubre Quién Eres De Verdad

Primero, debes descubrir quién eres tú realmente. Cuando conoces al ser verdadero, todas las imágenes falsas se derrumban. La persona, la religión o la filosofía con las que te identificabas, todas ellas pueden desaparecer. Tal vez descubras que todas las filosofías que has estado siguiendo no sirven para nada, pero temes deshacerte de ellas, porque no sabes con qué reemplazarlas. Encontrarás al ser verdadero cuando te deshagas de todo aquello que no te sirve.

Si pudieras ver dentro del ser verdadero o tener esa imagen en tu conciencia, al menos una vez, aunque fuera tan solo por una fracción de segundo, podrías usar esa experiencia como un faro interno para el resto de tu vida. Para poder vivir desde tu ser verdadero debes entregarte por entero a la verdad de tu propia existencia; descubres entonces, que empiezas a despertar al conocimiento de tu Alma y consigues así la libertad. Simplemente se trata de que te comprometas contigo mismo siempre y para siempre. Todo comienza cuando asumes el compromiso de elevarte internamente y desarrollar tu naturaleza espiritual cien millones de veces al día, al cien millones por ciento. Te comprometes contigo mismo y no con la personalidad o las emociones, ni con el cuerpo o la billetera, sino con esa esencia de Dios que identificamos como el Alma.

Entonces, conéctate con esa calidez y bondad de Dios dentro de ti. Ve a tu interior, hacia el Espíritu, hacia Dios y hacia tu propia naturaleza amorosa. No vayas adentro a mirar a tus emociones, porque sólo verás contratiempos; ni vayas a mirar a tu mente, porque ella seguirá empujándote hacia el exterior y no serás capaz de ver nada más. Pasa más allá de esos niveles, para que puedas acceder a uno de los territorios más maravillosos que están aún por explorarse.

Aquel a quien buscas habita en tu corazón; aquel a quien has tratado de encontrar ha estado siempre aquí. Cuando realmente lo comprendes, tu conmoción interna es tan profunda, que sobrepasa toda capacidad de comprensión y activa ese lugar en donde el entendimiento es absoluto. Es ese estado en el que exclamas: "Sí, sí, sí, sí".

Esa divinidad es tuya por derecho propio. Reclámala. No fuiste colocado en el Planeta como mendigo. Todo eso ya te pertenece y lo único que tienes que hacer es aceptarlo. Tu ser verdadero es perfecto. Eres divino y lo recibirás todo, cuando reconozcas quién eres.

La Condición Para Alcanzar A Dios Es Ser Común Y Corriente

Todos somos comunes y corrientes, que es la condición para alcanzar a Dios. De hecho, cuando consideramos que somos especiales nos alejamos del Espíritu, más que cuando somos simplemente comunes y corrientes.

La vida espiritual no es necesariamente llamativa. Por lo general, es callada y simple. Y a medida que te vas acercando al Espíritu en tu interior, si alguien te mira, tal vez no vea ninguna diferencia y eso puede experimentarse como una gran bofetada al ego. Entonces, el ego trata de reafirmarse por la importancia que se atribuye a sí mismo. Sin embargo, si actúas desde el ego, no estás en tu Alma. Sabrás que estás en tu Alma cuando seas simplemente común y corriente y vivas con sencillez y franqueza, haciendo todo lo que se te presente, sin buscar reconocimiento.

Eres Multidimensional

Estás en todos los niveles de Luz al mismo tiempo. Ahora mismo, en este mismo momento, ya estás en la conciencia del Alma y lo único que tienes que hacer es reconocerlo. La oportunidad que se abre frente a ti es la de llegar a estar plenamente consciente de tu conciencia multidimensional y ser absolutamente capaz de mantenerla.

El Alma se manifiesta en muchos niveles a la vez y, por eso, puedes tener conciencia espiritual en muchos niveles también. En el nivel físico, tu comprensión del Alma es a través de tu cuerpo, mientras que en el reino astral, la comprendes mediante la imaginación; en el causal, por medio de las emociones; en el mental, usando la mente; en el etéreo, a través de un estado de preparación; en el reino del Alma, en un estado del ser; en el reino que se encuentra inmediatamente por encima del Alma, en un estado de conciencia total y en el nivel por encima de ése, en un estado de Espíritu puro o conciencia de Dios. En total, son ocho los estados posibles para tomar conciencia del Alma. Un Dios maravilloso lo estableció así.

Nuestros niveles multidimensionales de conciencia están conectados entre sí de manera tal, que se puede tener conciencia de todos ellos a la vez. Para acceder a alguno de ellos o a todos estos niveles de manera consciente, sólo necesitas expandir tu conciencia y abarcarlos a todos. La manera de expandir la conciencia instantáneamente es tomando contacto directo con el Alma, que todo lo ve y todo lo sabe. Se requiere de mucho discernimiento para hacer esto, pero cuando lo logras, experimentas el Alma de manera consciente.

Previamente, estás "muerto" en este nivel físico, aunque estás más vivo que nada en el nivel del Alma. Esto es así, porque en los reinos espirituales del Alma no hay ni tiempo ni memoria. Es conciencia espontánea y no regresas al nivel físico con recuerdos de ese nivel. Lo que sí puedes hacer es moverte rápidamente de aquí para allá entre los dos niveles; cruzas esos niveles cada vez más deprisa, de manera que desarrollas una conciencia multidimensional teniéndola y no recordándola. No se trata de un proceso de la memoria. En realidad, es un proceso que implica moverse entre un nivel y el otro espontáneamente, hasta que logras hacerlo tan rápidamente, que pareciera que estuvieses consciente en ambos niveles al mismo tiempo.

A medida de que vayas desarrollando la habilidad de hacerlo, muchas veces te encontrarás entrando y saliendo de la conciencia del Alma. El truco está en reconocer cuándo se produce el salto y, aun así, mantener la conciencia del Alma. Hasta que no lo logres, está bien que sigas entrando y saliendo de la conciencia del Alma. Eso te dará práctica, y practicar la dicha y el amor es mejor que practicar la depresión, la ansiedad y el miedo. Entrénate a ti mismo en la conciencia del Alma, ejercitándote en los aspectos positivos del vivir y el amar.

Permítete también pasar por distintas expresiones y experiencias en esta vida, sabiendo que todas ellas forman parte de la condición humana y de tu existencia multidimensional. Tienes que mantener los pies sobre la tierra y estar consciente del Alma y del Espíritu al mismo tiempo. Todo debe equilibrarse para que puedas avanzar. Cuando todo se equilibra, la voluntad del Padre y la tuya se funden en una sola y el forcejeo entre "que se haga Tu voluntad" y "que se haga mi voluntad" desaparece. Pides que se haga la voluntad del Padre a través de ti, por obra tuya y como tú.

Entonces, sé inteligente. Entra al Espíritu y úsalo para inundar los demás niveles. En dondequiera que te encuentres, mantente en el Espíritu al cien por ciento, ya que esa es la única forma de experimentar la conciencia multidimensional. Cualquier otra forma sería un fracaso y una ilusión.

Cristo Vive En Ti

La Biblia habla del "hijo unigénito" de Dios (Juan 3:16) y ese Hijo—esa Conciencia del Cristo—está en cada uno de nosotros; es la parte invisible, la parte de Dios en nosotros. Cuando Jesús personificó al Espíritu del Cristo en el mundo, para nosotros fue más fácil reconocerlo y darnos cuenta de que cada uno posee una parte de eso en su interior. San Pablo escribió: "Que en vosotros haya este sentir que hubo también en Cristo Jesús" (Filipenses 2:5). Esto significa que eres uno con el Cristo en tu interior y que Dios está plenamente presente en ti. El desafió consiste en ir a tu interior, descubrir esa parte de Dios y trabajar con ella todo el tiempo. Y ése es un proceso de nunca acabar.

Experimentas cómo la fuerza del Alma surge en tu interior cuando te vuelcas con determinación hacia ti mismo de una manera consciente y directa, y encuentras aquello que realza el Espíritu dentro de ti. Sientes una dicha que no tiene nada que ver con este nivel físico, percibes una integridad interior que te eleva y una fuerza permanente, que te sostiene frente a todas las cosas. Todo eso prepara un lugar para que pueda entrar la Conciencia del Cristo. Creas una forma en tu interior a la que puede llegar el Bienamado. Durante dos mil años, la gente ha esperado que el Rey de Reyes aparezca en el Cielo e ilumine el mundo, pero el Rey de Reyes debe aparecer primero en *tu* corazón e iluminar *tu* mundo. Y esto sólo sucede cuando preparas ese lugar dentro de ti, donde Él puede aparecer y vivir como la Luz que te guía.

Por eso, si quieres vivir en el Alma y el Espíritu, debes ser leal al Alma y a su naturaleza, que es veraz, honesta e incondicionalmente amorosa. ¿Cómo lo haces? Consagrándote a la fuerza espiritual que reside en ti y que se llama El Cristo, y convirtiéndola en la prioridad número uno de tu vida.

El Viajero enseña a sacrificar todo aquello que es negativo y limitado en tu conciencia, pero haz el sacrificio de manera que puedas expandirte hacia lo positivo y lo que eleva en tu interior y descubrir tu propia Conciencia Crística. No vives en la Conciencia del Cristo y tampoco vives bajo la Gracia cuando te niegas a sacrificar tu rabia y expresar amor, cuando te resistes a sacrificar tu pretensión de superioridad moral (que es "inferioridad moral") y ser amable y decir palabras amorosas, cuando no quieres sacrificar tu punto de vista y aceptar el bien mayor.

Sin embargo, cuando te decides por la expresión del Cristo, tienes la Conciencia del Cristo de tu lado. Si te opones a ella, no tienes nada a tu favor. Comprende que eres el único que puede demorar o bloquear tu progreso y el único que puede obnubilar tu propia conciencia. De igual modo, tú eres el único que puede reconocer al Cristo interno, el único que puede hacer del Cristo una realidad viviente en tu vida y que puede demostrar amor incondicional y perdón, que es lo que revela la presencia del Cristo.

El despertar en el Cristo puede que no sea absolutamente agradable, porque tienes que soltar todo lo que pensaste que necesitabas o, de lo contrario, no heredarás aquello que es el Cristo. Así que cuando ores, pide fortaleza para superar todos los aspectos negativos, pide sabiduría para que ella te guíe hacia todo lo que es positivo y capacidad de estar enfocado en el Viajero, mientras te elevas hacia la conciencia del Alma y la realización de tu ser verdadero, hasta el reconocimiento del Cristo.

Despiertas a la Luz y al Cristo interno a través del amor, de la risa, sintiendo empatía por los demás e involucrándote en la vida por entero, tal como ella se te presenta. Despiertas a la sabiduría interna del Cristo cuando usas la empatía, el amor y el perdón como normas de conducta en todas las experiencias que te llegan, tanto en el mundo exterior como en los niveles internos de tu conciencia.

Cuando conoces al Cristo interno, ése es un día FELIZ. Cuando puedes vivir y demostrar ese estado del ser, ése es un día más grandioso aún. Y cuando puedes abrir los ojos y ver al Cristo en los demás, entonces eres efectivamente el bendecido y el bienamado de Dios.

Para El Bien Mayor De Todos Los Involucrados

Cuando hablamos del bien mayor, hablamos de la forma más elevada de Dios, del Dios de todas las cosas. Y cuando pidas algo "para mi bien mayor" con sinceridad, tus experiencias *serán* para tu bien mayor. Cuando te sientas bloqueado para alcanzar una meta en particular, es bueno que tomes un poco de distancia y que revises nuevamente lo que estás haciendo, así como tus motivaciones, y consideres si la meta es para tu bien mayor y de aquellos que te rodean.

Cuando eres un iniciado del Viajero y trabajas íntimamente con el Espíritu de una manera consciente, no es necesario que pidas nada que no sea para tu bien mayor en tu siguiente nivel de desarrollo, porque todo lo que te llega, sirve para elevarte, purificarte y prepararte para recibir las llaves del Reino de Dios. Y cuando pidas la Luz para el bien mayor para algo que deseas, también es importante que lo sueltes y te olvides de ello. Simplemente confía en que se manifestará si es para el bien mayor y si no lo es, lo más probable es que no se manifieste.

En la evolución del Planeta, las sociedades caerán muchísimas veces y los gobiernos se sucederán uno tras otro; esa es la naturaleza de este Planeta. Sin embargo, el Espíritu permanecerá para siempre. Ésta es la clave: invoca al Espíritu para el bien mayor de todos y observa todas las situaciones desde allí.

Vivir En Los Pensamientos Sagrados De Dios

La Luz es la energía del Espíritu que impregna todos los niveles de conciencia. Es una energía de Dios pura e íntegra, y está a nuestra disposición.

La Luz está en todo lo que experimentas y expresas. Tú nunca haz sido menos que la Luz, y lo eres en la plenitud y la gloria de tu conciencia. La Luz no significa quedarse sentado, cantar el tono y aparentar ser un santo durante todo el día. Ella es la existencia total de la conciencia en todos los niveles y todo el tiempo. La Luz está en todas partes; cuando aceptas eso, has dado el primer paso.

Pedir la "Luz para el bien mayor" es una invocación completa y total. No es necesario decir nada más, porque ella suplirá toda necesidad que exista. Realmente nadie tiene el control sobre la Luz, pero si estás sintonizado con la Luz del Cristo, puedes pedir para el bien mayor que ésta sea enviada a las personas o situaciones que piensas que la necesitan. Si es para el bien mayor, la Luz irá hacia ellas y si no, no lo hará. Cuando te habitúas a pedir la Luz, te mantienes en un estado constante de oración por la elevación de todos y pleno de amor por la esencia del ser de ellos. Entonces, dondequiera que vayas, la gente le dará gracias a Dios por tu presencia. Y eso es realmente maravilloso.

Pedir la Luz por los demás en silencio apoya el crecimiento de tu Alma. Los que conocen la Luz y quieren aprender y experimentar más de ella, asumen la responsabilidad de todos aquellos con quienes entran en contacto. Es una carga que podría espantar a cualquiera, pero en el fondo, no implica nada más que ésto: cuando salgas al mundo, pide siempre que la Luz te rodee, te proteja y vaya delante de ti, para el bien mayor. Al hacerlo, recuerda que el corazón espiritual es el centro desde el cual trabajas para que tu amor se derrame hacia el exterior. Cuando la gente comience a acercarse demasiado a ti, coloca la Luz entre tú y ellos para que la Luz se lleve el karma; ella puede con él. Todo lo que tienes que hacer es estar consciente de la Luz y colocar en ella toda situación y persona con la que te encuentres.

Hay muchas formas de sostener la Luz, de enviarla y de trabajar con ella. Una forma consiste en que tan pronto alguien te cuente sobre una situación, que la coloques inmediatamente en la conciencia de la Luz y antes de que dicha persona termine de decirlo, la situación ya se habrá ido. Trata a todas las personas con amabilidad y consideración. Deja que la gente aprenda de tu Luz, demostrándola en tu forma de vivir más que con palabras.

Por ser un iniciado del Viajero que evoluciona a través de diversos niveles de iniciación, a medida que te vas sintonizando más íntimamente con la Luz, el Sonido y la fuente dentro de ti—que es Dios—, tu poder va creciendo. Tus pensamientos mismos se convierten en rezos. Y uno de los rezos más profundos que puedes susurrar en lo más hondo de tu ser es: "Padre, hágase Tu voluntad". Y luego lo dejas ir y dejas que Dios trabaje contigo. Te alineas con el Espíritu y con el plan que Dios tiene para ti en esta vida y para toda la eternidad cuando pronuncias esa plegaria con plena sinceridad e integridad.

El MSIA Enseña A Despertar En El Amor

El Movimiento del Sendero Interno del Alma es una escuela esotérica y mística, lo que significa que es un proceso interno de movimiento hacia la Trascendencia del Alma. El sentido de la presencia del MSIA aquí es ofrecer puntos de vista y prácticas que pueden funcionar para ti. El MSIA no surgió como propuesta nueva, ya que eso no es necesario. La verdad ya está en el Planeta y siempre ha estado aquí. No ha habido nunca una era oscura en la que la verdad haya sido erradicada del Planeta. La explicación es simple: la gente se oscureció en su mente y en su conciencia y cambió el estado de las cosas a su conveniencia.

El propósito del MSIA, como expresión externa, es equilibrar a la gente para que pueda trabajar en conjunto y, además, profundizar el conocimiento y entendimiento a nivel consciente en cada persona. Puede que otros grupos enseñen el despertar a través de la angustia, el dolor, la auto-negación, la abnegación o el miedo. Nosotros no enseñamos eso. En un camino de ese tipo habría muy poca dicha y la dicha es uno de los indicadores más claros de que el Espíritu está presente: la dicha y el amor.

El amor que enseñamos en el MSIA es el amor del entendimiento, de la aceptación y del apoyo. Es el amor que dice: "Lo que hagas está bien. Yo igual te ayudare y te elevaré". Es un amor tranquilo, fluido y sin complicaciones. Todas las personas en tu vida te pueden ayudar a entrar en contacto con tus diferentes facetas internas y también te pueden apoyar a que despiertes a tu amorosidad. A medida que te involucres con constancia en tu propio movimiento del sendero interno del alma, tu despertar se irá dando con absoluta naturalidad. Cuando despiertes, podrás anclar el Espíritu en tu vida aquí y al sintonizarte con tu divinidad, descubrirás al Espíritu y Lo podrás traer a este nivel.

El MSIA te enseña a conectarte con lo que ya existe dentro de ti, con lo que ya está ahí. El propósito del MSIA es mostrarte cómo hacer algo que ya sabías hacer, pero que olvidaste. No se trata de otorgarte grandes talentos y habilidades, sino más bien de deshacerte de todas las cosas que impiden que ellos se manifiesten en ti. Es sólo una cuestión de ser quien eres con honestidad, apertura y pureza, en donde sea que te encuentres.

Ustedes, los que trabajan en este camino espiritual, definitivamente van avanzando. Piensen en los puntos de referencia que tenían hace cuatro años, tres años atrás, el año pasado o el mes pasado. Consideren esos puntos de referencia y observen dónde se encuentran hoy; ésta es una manera de comprobar cómo han progresado y crecido. Pero todo llega de una forma gradual y sutil. No hay truenos, relámpagos ni fuegos artificiales. Se trata de la gloria de Dios, que fluye en tu interior y a través tuyo de una manera tan silenciosa, que quizás no te des cuentas si no hasta mucho más adelante. Tu progreso espiritual comenzó en el momento que dijiste: "Padre, ayúdame. Ayúdame a superar todo esto". Y Él respondió.

El Único "Negocio" del MSIA Es La Trascendencia Del Alma

Existe un solo método que te dará la libertad y dicho método es la Trascendencia del Alma, que significa vivir en este lugar y descubrir la realidad superior, acceder a esa conciencia mayor de Luz, amor y Sonido y convertirse en eso. Para trascender este nivel debes ascender al nivel que puede superarlo. Ese nivel ya está dentro de ti y es el Alma. Es por eso que el MSIA enseña que es necesario acceder a la conciencia del Alma para lograr la Trascendencia del Alma y que es posible vivir en el paraíso antes de morir; además, te hace darte cuenta de que hay cosas mucho más gloriosas en tu entorno en este momento.

El Viajero no enseña la reencarnación sino la liberación, es decir, liberarse de este planeta, ahora y para siempre. Antes de encarnar, tu intención era expandir tu conciencia y usar este nivel para acceder a la conciencia de Dios para dejar esta Tierra de Luz reflejada y entrar en lo supremo y, luego, dar el paso siguiente, cuándo y cómo se te presentara.

En consecuencia, te volcarás a esa realidad mayor que tú eres y te ocuparás del negocio de la conciencia espiritual interna cuando te canses de jugar los juegos de la negatividad, los juegos de los celos, la rabia, la mezquindad y el deseo. Es en la Trascendencia del Ama donde aparece el Viajero y te dice: "OK; vamos. No pierdas el tiempo en los reinos inferiores. No te preocupes del cuerpo; él está bien y se cuida solo. No te preocupes de las emociones, ya que sólo necesitas la esencia del amor. No te preocupes de la mente, pues para lo único que necesitas al intelecto es para que te guíe a través de tus experiencias. Dedícale tus energías al Alma y viajaremos hacia el Alma y más allá de ella: viajaremos hacia las alturas".

La consecuencia inmediata de la Trascendencia del Alma es la capacidad de sobreponerte a las situaciones y verlas en perspectiva; entonces, ya no necesitas resolver nada. Tu actitud cambia cuando te sintonizas con el Espíritu y el "problema" se disuelve. Eso se llama liberar karma y, también, vivir en libertad. Las acciones de tal o cual persona en el mundo tienen cada vez menos repercusiones en tu vida y te cuesta menos dejarlas ir, perdonarlas y alejarte de ellas cuando te elevas en conciencia, porque te estás acercando a la Luz y el Espíritu. Estás experimentando y viviendo la Trascendencia del Alma y la plenitud y dicha que eso produce, hace parecer insignificante el resto de las cosas de este mundo.

Tal vez consideres a la Trascendencia del Alma como un fenómeno demasiado enorme y que la sientas totalmente fuera de tu alcance; pero no, no está fuera de tu alcance. Está aquí mismo y presente en este momento. Y como no tiene dimensión, ni tiempo, ni nivel, no se puede separar de ti en ningún momento y de forma alguna, porque siempre está presente. Cuando vuelcas tu atención sobre el Alma, los otros niveles se disuelven y quedas completamente libre de las ataduras de los mundos inferiores.

Por lo tanto, recuérdate a ti mismo que puedes trasladarte hacia la Luz superior, hacia el Alma *ahora*. No tienes que esperar hasta que tus problemas estén resueltos y que todo esté perfectamente en calma en el futuro. La experiencia del Alma está a tu disposición ahora mismo. Y cuando percibes la gloria interna, cuando percibes al Bienamado, al ser divino, al Yo Soy, al alfa y al omega de la conciencia cósmica, a la conciencia de Dios—o como quieras llamarlo—, has tomado contacto con quien tú eres realmente.

Tu herencia es la Trascendencia del Alma. Despierta al Señor que vive dentro de ti y a través tuyo. El amor del Viajero está contigo y su corazón espera a que despiertes a tu realidad superior. Mientras estés aquí, mi deseo es que seas amoroso, que sirvas a Dios y a tu prójimo, que te abras a todas las bendiciones que ya son tuyas y que no olvides nunca que este mundo no es tu hogar. Tu hogar yace más allá del reino del Alma y llegas allí a través de la Trascendencia del Alma.

El Trabajo del Viajero Místico es la Trascendencia del Alma

La experiencia que el Viajero Místico te brinda tiene que ver con el Espíritu, con Dios, con el amor puro que trasciende todos los niveles inferiores y te eleva hacia el Alma y más allá de ella. Lo que te brinda el Viajero es la experiencia de la Trascendencia del Alma.

La Conciencia del Viajero ofrece un "atajo" hacia la conciencia de Dios por alineamiento directo. Cuando entras en contacto con la Conciencia del Viajero accedes a la línea suprema de la conciencia. El Viajero se comunica mediante una línea de enseñanzas tan pura, que entra directamente al Espíritu que está en ti y las enseñanzas se transmiten directamente de Espíritu a Espíritu. Por eso funciona tan bien. No se trata de la forma espiritual del Viajero que le enseña a tu forma física, si no de un proceso trascendente.

Tú creaste la conexión con el Viajero Místico cuando

decidiste que, más que ninguna otra cosa, lo que querías era conocer a Dios y tu propia naturaleza divina, es decir, conocerte a ti mismo como Alma perfecta y completa. El trabajo del Viajero contigo no es tanto el de enseñarte, como el de compartir contigo, darte lo necesario y apoyarte para que despiertes al Espíritu. El Viajero saca a relucir lo que ya esta presente, que es la conciencia de la verdad dentro de ti. Te presenta la verdad y te proporciona la energía que reconocerá esa verdad. El Viajero demuestra la energía de Luz que hay dentro de ti, no como un proceso de reflejo sino como una realidad directa. Y cuando ves al Viajero, lees las Disertaciones del Conocimiento del Alma, escuchas seminarios o entonas tu tono de iniciación, tienes una conexión directa con el Viajero y participas en un proceso directo con él.

Una de las funciones del Viajero Místico es apoyarte para que te liberes de todos los bloqueos que te impiden tomar conciencia plena del nivel del Alma y de la libertad del Alma. Lo que te aporta el Viajero Místico no tiene mucho que ver con darte claves para que tu vida en la Tierra funcione bien (aunque, a veces, esa conciencia puede iluminar aspectos de tu vida con una claridad más grande de la que jamás pudieras imaginar), sino con hacerte conocer las dimensiones más elevadas de la Luz. Si eres un iniciado, el compromiso que el Viajero tiene contigo es establecerte en la conciencia del Alma. Puedes confiar en su promesa tanto como en que el sol saldrá por la mañana, y él la mantendrá hasta cumplirla.

Cuando trabajas con el Viajero, todo se desarrolla en el momento oportuno. Tu manera de cooperar con él es amándote en cada paso que das, haciendo tus ejercicios espirituales para lograr una perspectiva más amplia en relación a todo lo que experimentas, amando y tratando con amabilidad a las personas que te rodean y viviendo con integridad y honestidad.

El Viajero Místico sólo trabaja contigo por invitación y acuerdo previo. Debes pedirle al Viajero que te acompañe y trabaje contigo y manifestarle que estás de acuerdo con su presencia en tu vida. La invitación y el acuerdo se confirman día a día y momento a momento. Todos los días debes renovar tu petición al Viajero que esté contigo. Una de las formas más efectivas de pedirle al Viajero que sea parte de tu vida es haciendo ejercicios espirituales.

Todo lo que el Viajero hace, lo hace con amor. Aunque te corrija y te haga asumir tu responsabilidad, su amor está siempre presente. En un principio no parece siempre así, pero esa es la motivación que hay detrás de sus actos. Cuando la gente se aproxima a quien ancla la Conciencia del Viajero, esa conciencia se despierta, se aviva, se hace consciente y se activa inmediatamente, estableciendo una relación con dichas personas y amándolas. A veces, lo que les entrega es un bálsamo tranquilizador, si eso es lo que necesitan; y otras, una patada en el trasero, si lo que necesitan es eso. Es amor perfecto, en cualquiera de sus expresiones. El Viajero le proporciona a cada persona exactamente lo que ella necesita para cambiar y alcanzar una mayor libertad.

Claro que cuando te quitan el drama y el romance, a ti suele no gustarte mucho y te cuesta verlo como parte de tu elevación. El Viajero conoce tus dificultades para verlo así y eso está bien. Sin embargo, lo hace de todas formas, porque se comprometió a llevarte hasta el nivel del Alma y lo cumplirá de todos modos.

Todos tus conflictos y tus romances, todos tus sufrimientos y confusiones se disuelven instantáneamente cuando se los entregas a la Conciencia del Viajero en tu meditación, contemplación, quietud, silencio y en tus ejercicios espirituales. Sin embargo, debes dejar ir también los recuerdos; de lo contrario, lo atraerás todo de nuevo hacia ti. Libérate de tu sufrimiento; entrégaselo, dáselo al Viajero, que él se hará cargo de él. Pero tú tienes que dejarlo ir. No puedes soltarlo y, al mismo tiempo, quedarte con él. El Viajero hace un canje contigo: tú le das tu sufrimiento y él te revela el paso siguiente en tu evolución; tú le entregas tu oscuridad y ves aparecer la Luz en tu conciencia. Entonces, simplemente espera y verás cómo comienzas a elevarte.

El Viajero se comparte a sí mismo solamente con sus bienamados, con sus iniciados. El Viajero no sólo ofrece una asociación sino una relación, la que se asienta en el corazón espiritual, en ningún lugar más. Es una relación de amor viviente y cuando el Viajero te habla, le habla al Alma. El Viajero habla amando; él es amor y te elevará con amor.

Como el Viajero llega en el amor, conéctate con el amor y encontrarás al Viajero totalmente presente en tu corazón. Sentirás al Viajero detrás de tus ojos, compartiendo tu mundo contigo y, cuando vayas por la calle, percibirás al Viajero caminando a tu lado, tocando tu mano. Cada vez que entres a ese lugar de quietud en tu interior, sentirás el abrazo del Viajero y sabrás que tú y él son uno. Así que coloca tu amor en el corazón del Viajero; eso es amor viviente. Todo—incluso tu respiración—se tiñe de amor; tu caricia se vuelve amorosa; tu manera entera de aproximarte a las cosas se vuelve amorosa. Entonces, todo lo que haces, lo haces por amor.

El Viajero Está Más Cerca De Ti Que Tu Propio Aliento

El Viajero está siempre contigo. Mientras el Viajero te guía hacia el hogar, hacia el corazón de Dios, todo lo que tú tienes que hacer es sintonizarte con el amor que ustedes comparten y seguirlo. No conocerás verdaderamente al Viajero si sólo lo conoces a nivel físico; para conocer al Viajero debes despertarlo en tu corazón. Tú ya estás despierto en el corazón del Viajero; ahora debes despertar al Viajero en el tuyo. Él está ahí, esperando, y en ese lugar amoroso, tú y él son uno.

El trabajo del Viajero Místico es el trabajo tuyo en tu interior, porque tú también eres el Viajero Místico. Mi cuerpo físico no hace falta para darte el mensaje. Lo único que se necesita es que tú hagas ejercicios espirituales, que hagas contacto y que descubras: "Dios mío; yo también soy esto". Y así tendrás la misma información que yo y la forma en que la uses, dependerá de tu nivel de amor.

Pero si descuidas tus ejercicios espirituales, puede que dejes de sentir la presencia del Viajero y que creas que el Viajero te ha abandonado. No es cierto. Probablemente crees que se fue simplemente porque tú no te has estado enfocando en el Espíritu y en la presencia del Viajero. Lo único que tienes que hacer es volcarte hacia dentro para comprobar que el Viajero jamás se ha ido a ningún lado, que está siempre contigo, que está siempre presente y que todo lo que tienes que hacer es acudir a él. El Viajero nunca te deja, así que cada vez que lo busques, ahí lo encontrarás.

Si atraviesas por una situación difícil, el Viajero la atraviesa contigo. A veces, él se sienta y experimenta el mismo dolor que tú tienes en la espalda, en la pierna, en el estómago o donde sea, aunque estés físicamente a cincuenta o a mil kilómetros de él. El Viajero lo atraviesa junto a ti y trabaja contigo para que te liberes de eso. Este tipo de situaciones no suceden sólo de vez en cuando; suceden durante las veinticuatro horas del día. Y si recurres al Maestro Interno, el Viajero despeja situaciones que están desequilibradas con mucha mayor rapidez, porque puede trabajarlas en la conciencia interna sin ser perturbado en el cuerpo físico. Todo esto lo hace el Viajero porque te ama y lo seguirá haciendo hasta lograr que cruces todos estos niveles y sigas más allá, hasta alcanzar la conciencia del Alma.

El siguiente gran paso es que tu amor se manifieste para que puedas reconocer al Viajero como tú. Así que busca al Viajero en tu conciencia interna y abrázalo. Reconoce esa forma como tu propia esencia, como tu Maestro Interno, que está más cerca de ti que tu respiración, que es más real que cualquier otro nivel. Debes saber que, con el amor del Viajero, caminarás directamente hacia el corazón de Dios y despertarás a la forma pura del ser de Dios en tu interior.

Mi amor está siempre contigo. Úsalo para elevarte y sostenerte, hasta que descubras tu propia divinidad por ti mismo.

La Iniciación Dentro De La Corriente Del Sonido De Dios

Los estudiantes del MSIA son iniciados a través de la Conciencia del Viajero Místico en la Corriente del Sonido, que es la corriente audible de energía que proviene del corazón de Dios. Ser un iniciado del Viajero es consagrarte al Dios que está dentro de ti, al Espíritu, y a regresar a tu hogar, al reino del Alma, que es de donde viniste originalmente, antes de encarnar en esta tierra.

Tu conexión con el Espíritu a través de tu iniciación es más valiosa que cualquier otra cosa en la vida. El tono iniciatorio es el vínculo directo entre tu conciencia y la Corriente del Sonido de Dios y es una de las mayores claves para alcanzar tu libertad espiritual. Mediante él te emplazas en la corriente principal del Sonido, que fluye de regreso a la Divinidad Suprema. Es la oración suprema y trae consigo la suprema realización.

Y cuando te consagras al Sonido y a la Luz, te consagras a esa conciencia que es el Viajero, te consagras a ti mismo y te consagras a los demás.

La Única Forma Incorrecta De Hacer Ejercicios Espirituales Es No Hacerlos

El propósito de los ejercicios espirituales (ee.ee.) es que despiertes al Alma. Ellos le proporcionan al Alma un vehículo para estar más presente en este medio. En ese sentido, no se comparan con ninguna otra actividad de este mundo físico y material y tampoco existe ninguna otra actividad que sustituya a los ejercicios espirituales. Los ee.ee. no fueron creados por el Viajero, sino por el Espíritu, que dice: "Esta es la forma establecida para que llegues a Mí. Habrá diversas personas que proclamen este mensaje; ellos son representantes directos de la Corriente del Sonido". El conocimiento verdadero está disponible a través de la Luz y el Sonido de Dios.

Mediante los ejercicios espirituales te sintonizas con la cualidad del amor, con ese amor puro que existe entre tú y Dios. Y cuando entonas los nombres sagrados de Dios, atraes hacia ti la energía del Espíritu de una manera más directa. La conciencia espiritual ya se encuentra ahí. Al hacer ee.ee. fortaleces tu conciencia para que puedas ver al Espíritu con tus ojos espirituales.

Con la práctica de los ejercicios espirituales también creas un canal, una apertura, un túnel, a través del cual el Espíritu te puede transmitir su sabiduría. Tu trabajo consiste en separar la fantasía de la realidad y descifrar qué es qué. Los ee.ee. te ayudarán a diferenciar los niveles con mayor claridad. Ellos te brindan la oportunidad de aquietarte, permitiendo que la experiencia espiritual te eleve para que te identifiques a ti mismo como algo más grande que la experiencia física. Asimismo, cuando te encuentras atrapado en patrones de conducta negativos o adictivos, muchas veces el remedio es aislarte, hacer una gran cantidad de ee.ee. y reabastecer tus reservas.

A medida que aprendas a sostener conscientemente el aumento de energía interna durante tus ejercicios espirituales y ésta se expanda con una fuerza mucho más grande, serás capaz de ascender con esa energía cada vez más alto. Un aspecto de la práctica de los ejercicios espirituales consiste en tener la habilidad de dejar tu cuerpo a voluntad y viajar por los reinos superiores de conciencia, a fin de que puedas sobrepasar el nivel donde actualmente te encuentras para verlo con mayor claridad.

Cuando observas este nivel físico a través de tus emociones, de tu mente o de tu inconsciente, lo ves a través de las distorsiones de esos niveles; pero si asciendes más arriba y lo observas desde el nivel del Alma, puedes entender mejor la realidad que estás percibiendo. Los ejercicios espirituales pueden activar la verdad dentro de ti y darte el impulso para actuar y efectuar cambios en tu vida. La energía del Alma inunda el nivel físico desde los reinos superiores y te da la energía para moverte. Así que haz ejercicios espirituales para que te eleves por encima de las actividades mundanas de tu vida y puedas ver cómo estás resolviendo las cosas y aprendiendo las lecciones que son importantes para ti. Entonces podrás amarte a ti mismo, a pesar de los errores que hayas cometido en el camino.

Sin embargo, los ejercicios espirituales no se han *diseñado* para allanar tu camino en este mundo, ni para que sólo los practiques hasta que consigas lo que quieras. Su propósito es hacerte atravesar los reinos de la Luz hasta que llegues a Dios. Los ee.ee. tampoco son un fin en sí mismos, sino el medio para alcanzar la meta, que es la conciencia del Alma o la conciencia de Dios. El valor de los ejercicios espirituales radica en que te permiten familiarizarte con el Espíritu. De esa manera puedes sustituir la familiaridad de las distracciones, de las actividades y de la agitación del mundo exterior por la familiaridad del Espíritu en tu interior.

Por lo tanto, si quieres conocer la plenitud del Espíritu, haz de tu vida un gigantesco ejercicio espiritual. Comprométete contigo mismo a cada momento, que eso es lo más valioso que puedes hacer. Conságrate a ti mismo y convierte esa dedicación en tu primera prioridad, así estés involucrado en una relación, casado, comprometido con una carrera exigente o en la situación que sea. Tu primera prioridad es tu propio despertar espiritual, en consecuencia, cada ocasión en que haces ee.ee. se convierte en una celebración de Navidad y en un Festival de Luces. Se convierte en la palabra de los antiguos profetas y todas las escrituras sagradas cobran vida, porque tú estás caminando con Dios.

Las Enseñanzas Están En Nuestro Interior

Es importante recordar que las enseñanzas externas nunca serán tan dinámicas o puras como las enseñanzas internas. El Viajero que reside en ti es quien te entrega continuamente—a cada momento de cada día—el mensaje espiritual de Dios, que existes en tu forma más pura. La persona que verdaderamente trabaja en del Movimiento del Sendero Interno del Alma recurre a su interior para obtener las respuestas del Viajero Místico, del Maestro Interno.

Debes recordar también, que Dios vive dentro de ti como tú; lo único que tienes que hacer es despertar a Su presencia y una forma de hacerlo es escuchar en tu interior Su dirección amorosa. Pide que la voluntad de Dios se manifieste a través tuyo y luego escucha cómo la voz de Dios le habla a tu corazón espiritual. Tienes que ir adentro y hablar con aquel que está iluminado y esclarecido. Debes mantenerte hablando, escuchando, comunicándote y ejercitando tu conciencia despierta.

Dentro de ti no hay secretos y tampoco se te esconde ninguna solución. No hay nada oculto. Toda la sabiduría está a tu alcance en todo momento. El desafío y la responsabilidad que tú tienes es sintonizarte con el Espíritu y el Dios en tu interior para que puedas recibir de ti mismo toda la sabiduría. Así que busca tu propia dirección interna. Acude a tu ser verdadero, que él tiene todo el conocimiento y podrá dirigirte y guiarte.

Compruébalo Tú Mismo

Se fiel a tu guía interna, que es tu amor que te habla y que te guía. Pero no sigas nunca ciegamente la orientación que recibas: compruébalo tú mismo. De esa manera aprendes a confiar en ti, pues eres el único que puede validar tu propia verdad y sabiduría. ¿Cómo acumulas el conocimiento de la guía interna de Dios? Mediante los ejercicios espirituales, practicando, actuando según la guía que recibes, verificando los resultados, afinando tu sintonización constantemente y siendo honesto contigo mismo.

Quizás la orientación interna que puedas recibir de tu Espíritu te suene extraña y ajena si no la has escuchado por "siglos". Pero esa pequeña voz en la tierra salvaje de tu corazón espiritual es la que te dice la verdad. Afirma: "Yo soy el Bienamado. Soy aquel a quien has estado buscando. Soy el Dios que vive en tu corazón". Despiertas a esa voz mediante los ejercicios espirituales y la contemplación, y tomándote el tiempo para estar contigo mismo, lejos de las distracciones y confusiones del mundo.

Puede que las palabras escritas en este libro no resuelvan tus problemas. Tal vez no resuelvan absolutamente nada. Quizás sólo te proporcionen algunas pautas y medidas que te ayudarán a resolver tus problemas. La única obligación que tienes tú es la de comprobar todo personalmente. La observación es otra forma de practicar el "compruébalo", así que observa; sé tu propio investigador científico y ve a qué conclusiones llegas.

Debes verificar lo que yo digo y poner a prueba mis enseñanzas. Nunca le he dicho a nadie que me crea o que confíe en mí. Sería una tontería y una tentación. No me preocupa si crees o no en lo que yo digo. Si quieres llegar a la verdad, debes ponerlo todo a prueba y verificarlo tú mismo. Debes meditar acerca de las enseñanzas, pidiéndole a Dios y al Espíritu Santo que te muestren la verdad. Realmente nadie te enseña nada, porque eres tú quien se enseña a sí mismo. Alguna gente, que posee un nivel de conciencia más elevado, puede mostrarte las enseñanzas, expresarlas y afirmarlas para ti, pero en última instancia te dirá: "Ahora tienes que decidir tú mismo". Por lo tanto, debes poner a prueba las enseñanzas y determinar si son verdaderas y válidas para *ti*. Cada vez que escuches alguna enseñanza o mensaje, debes verificarlo siempre.

Por eso, practica las nuevas ideas que se te presentan y observa cómo se comportan. Nadie te podrá engañar si compruebas todo minuciosamente. Sólo porque el Viajero te dice algo, eso no implica que tengas que obedecerlo o creerlo. Una parte dentro de ti puede que diga: "Hasta ahora, él siempre me ha dicho la verdad", y esa es la ocasión en que debes ser más cauto, porque esta nueva situación podría ser una trampa. Comprueba tú mismo todo lo que te diga el Viajero o, de lo contrario, olvídalo.

Y si crees haber escuchado hablar al Viajero internamente, observa lo que te dijo y antes de llevarlo a la práctica, asegúrate de que sea para el bien mayor a nivel físico y espiritual. Evalúalo y usa tu inteligencia para determinar las ventajas e inconvenientes que ves. Si sigues con dudas, puedes escribirle al Viajero y preguntarle. La mayoría habrá descifrado la verdad antes de terminar de escribir la carta. Luego, quema la carta y sigue viviendo una vida llena de Luz. Y si continúas inseguro, recuerda esto: ante la duda, abstente; cuando dudes, expresa tus dudas.

Haz La Experiencia

Es bueno tener fe y confianza, pero ellas no sustituyen el conocimiento que surge de tu propia experiencia y que es lo que valida tu existencia.

Si cuelgas un calendario en la pared con una foto de la lluvia y tratas de extraer la lluvia de él, eso jamás va a resultar. De la misma manera, hay personas que toman las escrituras sagradas y tratan de extraer el Espíritu de ellas; eso tampoco funciona. Bebemos agua y comemos por experiencia directa; estas necesidades no se pueden satisfacer de una manera indirecta. Sucede lo mismo con la esencia espiritual, que sólo se obtiene por experiencia directa. Entenderás lo que quiero decir sólo cuando lo experimentes. Las palabras pueden ser atractivas para el intelecto y quizás hacer feliz a tu mente. Pero también pueden ser insustanciales para ti, hasta que no puedas usarlas para trascender la mente y acceder a una conciencia más elevada.

Las Opiniones Son Como Las Narices

Las opiniones son como las narices: todo el mundo tiene una. Pero tú no vivirías en la nariz de nadie, así que ¿para qué vivir en sus opiniones? El hecho de que alguien diga algo, no quiere decir que eso sea cierto. Será cierto sólo cuando lo sea en tu interior, así que pon todo a prueba.

Y no insistas en que las demás personas vivan según tu opinión. Permite que hagan las cosas a su manera.

Si Te Sirve, Aplícalo; Si No Te Sirve, Olvídalo

Aquellos que trabajamos en la Luz podemos ser considerados "científicos", ya que examinamos la información que recibimos para determinar si funciona o no. Si comprobamos que funciona, la usamos, y si no, la dejamos ir.

En el MSIA, nosotros ponemos nuestra conciencia en movimiento; por eso lo llamamos *Movimiento* del Sendero Interno del Alma: movemos nuestra conciencia desde un punto a otro, buscando siempre aquello que pueda servirnos. Cuando un punto en la conciencia deja de servirnos, debemos ser lo suficientemente inteligentes como para movernos a otro, que sí nos funcione. También sostenemos que cada uno debe seguir su propio camino hacia la iluminación. En ese viaje interno descubrirás que el único que puedes decidir lo que es correcto para ti eres tú. Asumes la responsabilidad de ti mismo y por ti mismo y por nadie más. Eres el único que puedes responder si lo que estás haciendo es o no lo mejor para ti.

Actúas como un tonto si te inclinas ante lo que el Viajero dice y lo veneras, sin ponerlo en práctica. Nunca está demás volver a repetirlo: verifica todo tú mismo. No le entregues tu control a *nadie*. Claro está, que puedes escuchar lo que los demás tengan que decir y luego salir al mundo, ponerlo en práctica a pequeña escala y ver si funciona. Si la respuesta es afirmativa, ¡fantástico! Pero igual, sigue practicándolo un poco más y ve si te sigue sirviendo. Úsalo mientras te funcione. Y cuando deje de hacerlo, sigue adelante.

A medida que aprendas a sintonizarte con tu verdadero ser, sabrás si lo que estás haciendo es correcto o no para ti. Y es a ti al único que tienes que responderle. Descubrirás lo que te funciona y lo que no, si haces lo mejor que puedes en todo lo que emprendas y te esfuerzas sinceramente por cuidarte. Esa es la pauta a seguir.

Debes Hacerlo Tú Mismo

Cierta vez alguien me dijo: "Me gustaría saber qué es el MSIA, qué servicios ofrece y qué puede hacer por mi". Mi respuesta fue: "No hará absolutamente nada por ti, porque el MSIA no presta servicios. Lo que obtienes es lo que tú inviertes en él. Si haces tu parte, recibes todo lo que te corresponde y nadie te lo puede arrebatar.

En el MSIA trabajamos contigo al nivel en que tú eres capaz de trabajar y te apoyamos cuando tú lo permites, pero no hacemos el trabajo por ti. El Viajero no lo hace por ti porque eso detendría tu progreso. Aprendes haciendo. Algunos aprenden rápido y siguen adelante; otros, por el tipo de condicionamiento que tienen, deben observar lo que sucede más de cerca. Tal vez sientan que avanzan a duras penas, pero realmente están progresando al ritmo que es conveniente para ellos.

Tú no consigues nada del Espíritu porque creas que simplemente lo deberías obtener; lo que logras es producto de tu esfuerzo. A ti se te otorga la Gracia del Viajero para apoyarte, pero aun así, tú mismo debes hacer el trabajo. El Viajero está aquí para apoyarte, amarte, indicarte el camino y ayudarte cuando te caigas. El hará todo lo que pueda por apoyarte, pero no hará el trabajo por ti. Eres tú quien debe construir su propio sistema de apoyo interno y mantenerlo funcionando.

Ponerse Medias Rojas o Azules: Tú decides

El diez por ciento de tu conciencia está en el nivel físico y el noventa por ciento restante está en los otros niveles (astral, causal, etéreo, del Alma, etc.). En ese noventa por ciento es donde el Viajero hace su trabajo contigo. Lo que sucede en el diez por ciento pertenece al nivel físico y te corresponde a ti resolverlo. Eso quiere decir que, con respecto a temas de trabajo, salud, dinero, relaciones personales, lugares donde vivir, alimentos que comer, sitios adonde viajar— si usas medias rojas o azules—, todas esas decisiones son tuyas. Tú (así como todos en este mundo) has venido a este planeta a aprender y crecer, y el Viajero no te evitará las oportunidades que tengas de aprender; es por eso que deja a tu libre arbitrio el manejo de tu propio nivel del diez por ciento. La función del Viajero es fortalecerte en el Espíritu y en el Alma, de manera que cuando hayas equilibrado el nivel físico, el camino esté preparado para que asciendas hacia niveles de conciencia más elevados.

Eres un ser espiritual—una extensión de Dios—, pero también habitas en un reino "negativo" donde te toca lidiar con un cuerpo físico, con emociones, con una mente y con el inconsciente. Así que, con toda certeza te encontrarás con paradojas, porque lo físico es un nivel de ensayo y error, así como de cambios. Pero a medida que vayas logrando un equilibrio, tanto en tu expresión interna como externa, tu vida también será más equilibrada. Equilibras el nivel físico alimentándote bien y vigilando el tamaño de las porciones que colocas en tu boca. Tus emociones se equilibran conforme aprendes a amarte y a cuidarte primero a ti mismo, y a hacer todo aquello que te produce alegría y satisfacción. El nivel mental se equilibra cuando aprendes a pensar positivamente y a comunicarte de manera más clara contigo mismo y con los demás. Parte de tu responsabilidad es mantener estos niveles equilibrados.

Te haces cargo de tus responsabilidades para no convertirte en una carga para nadie en ningún nivel y tener la libertad de viajar por los reinos superiores. Puedes seguir siendo muy práctico en tu vida diaria aunque te eleves hacia una conciencia mayor del Espíritu y del amor de Dios. Estos dos aspectos no se contraponen.

Podrías decir: "Sí; quiero llegar a la conciencia del Alma y ascender a niveles superiores. Esa es mi meta y mi deseo más preciado. Pero también estoy aquí en este mundo hoy, y tengo que trabajar para pagar el alquiler". Debes fijarte metas altas, entonces, y mantenerte enfocado en ellas mientras atraviesas por este nivel. Esa es la forma de llegar a donde quieres llegar.

Cuídate siendo lo mejor que puedas. Vive con la mayor integridad, amor y honestidad de que seas capaz. Si encuentras que fallas en una de esas áreas, asúmelo y toma las acciones necesarias para despejar y equilibrar lo que sea.

Y si descubres un área en la que pareces estar bloqueado, recurre a la Conciencia del Viajero para lograr mayor claridad y entendimiento. Si se trata de un área que se puede soltar y disolver, la Conciencia del Viajero se encargará de hacerlo, si se lo pides. Si se trata de un área que necesitas completar, pero pides que sea disuelta, puede que logres entender mejor por qué estás trabajando en esa área en particular. El Viajero no disolverá esa área si no es para tu mayor bien, pero te asistirá con un mejor entendimiento.

Tú eres parte de Dios, sin importar lo que hagas o dejes de hacer a nivel físico, así que no evalúes tu crecimiento espiritual basándote en si compras un carro nuevo, te asocias en un nuevo negocio, te mudas de Nueva York a Los Angeles, te casas o renuncias a tu trabajo. Si no "ves" progreso alguno en determinadas áreas del diez por ciento, no te preocupes. El progreso espiritual no se equipara necesariamente con las experiencias de este mundo. Cuando eres capaz de apreciar la realidad completa desde un estado de espiritualidad superior al trabajar con la Conciencia del Viajero Místico, lo que hagas en tu cuerpo físico tiene muy poco que ver o quizás nada con tu evolución espiritual.

También recuerda que los niveles perfectos son los espirituales; el Alma es perfecta. No hay perfección en el nivel físico, así que no trates de alcanzarla porque ninguno de nosotros será perfecto aquí, aunque apuntemos hacia la excelencia. También toma en cuenta que cada uno de nosotros está todavía evolucionando, cambiando y creciendo, y que parte de nuestro proceso de crecimiento consiste en cometer errores y corregirlos.

El Viajero no te pide mucho. Sólo te pide que hagas ejercicios espirituales todos los días, que ames a los demás y que vivas sin lastimarte y sin lastimar a nadie. Dentro de esos parámetros, puedes elegir lo que quieras, así que elige el amor tanto como puedas. Las manifestaciones de amor son las siguientes: hacer crecer tu Luz, seguir evolucionando, llevarle alegría a todos y elevarte constantemente. Si en lo que haces no hay amor, has equivocado el camino; pero si en lo que haces hay amor, alegría y experimentas que te estás elevando, es difícil que te equivoques.

No Te Lastimes A Ti Mismo Y No Lastimes A Los Demás

Una vida egoísta, en sentido positivo y puro, consiste en querer vivirla a tu manera y permitirle a los demás lo mismo. Parte de tu felicidad es ser capaz de mantener tu propia dignidad y apartarte de cualquier situación que no te competa. No tienes que disculparte con nadie o dar grandes explicaciones. Puedes simplemente decir: "Discúlpeme", por un acto de cortesía hacia la conciencia de la otra persona, y luego, apartarte. Tendrás buenos resultados si lo haces con amor, porque cuando eres verdaderamente amoroso, no puedes lastimarte a ti mismo y tampoco a los demás.

Tu responsabilidad es ser amoroso en todas tus relaciones, pero sin dejar que se aprovechen de ti. Y por lo general, la razón más valedera para hacer algo es que tienes ganas de hacerlo. Es importante que todos respeten esa razón, porque es válida. Tienes derecho a hacer algo por el simple hecho de quererlo, siempre y cuando no se lo impongas a los demás.

En todo esto, recuerda siempre que la Luz no viola la conciencia de nadie; por eso, si lo que haces infringe la conciencia de alguien más, no se trata de una acción de Luz. Así que revisa tus acciones. ¿Ellas te lastiman? Si lo hacen, no son una acción de Luz. ¿Tus acciones lastiman a otros? Si lo hacen, no son una acción de Luz. El hecho de que no te descubran inmediatamente o que parezcas salirte con la tuya no cambia para nada esa realidad. En este nivel, la mejor manera de cooperar con tu propia evolución espiritual es tratando con amor a todos los que se cruzan por tu camino. Trata a las personas como se merecen, es decir, como la extensión de Dios que son.

Todos somos guardianes de nuestros hermanos, pero no carceleros. Dejamos a nuestros hermanos en libertad al permitirles que experimenten su propia vida a su manera. Cuando seas capaz de dejar a las personas que expresen su propia Luz a su manera, que cumplan con su destino y marchen al ritmo del tambor que ellos escuchan, estarás haciendo en esencia lo mismo que hace Dios: dándoles la libertad para que se expresen a su manera.

Cuídate Para Que Puedas Ayudar A Cuidar A Los Demás

Tu principal responsabilidad en este planeta es cuidar de ti mismo y desarrollar tu máximo potencial. A medida que tu conciencia espiritual aumente, es importante que sigas manteniendo la integridad de este nivel físico también; esto quiere decir que no sólo debes cuidar tu cuerpo físico, sino que debes sostenerte financiera, emocional y mentalmente. No puedes evadir tu responsabilidad en ningún nivel.

En términos prácticos, que te cuides primero a ti mismo puede significar que te consigas un trabajo, pagues tus cuentas, saques a pasear al perro, mantengas tu casa limpia o que duermas lo suficiente en la noche. Cuando tienes este nivel básico resuelto, recién entonces puedes mirar a tu alrededor y ver si hay otros que necesitan ayuda. Si dedicas tu tiempo a trabajos voluntarios en esto, aquello y lo otro, pero no has pagado tu alquiler este mes, realmente no te estás cuidando tú primero y eso puede causarte tensiones y conflictos. Con frecuencia, las presiones del mundo son presiones que tú mismo te has impuesto y pueden ser aliviadas planteándote frente a la vida de una forma más realista y revisando cómo distribuyes tu tiempo y tu energía.

También debes saber que no hay nada de malo en ser egoísta. Comer y descansar adecuadamente es ser egoísta con el cuerpo, tener buenos pensamientos es ser egoísta con la mente, sentirse bien es ser egoísta con las emociones y hacer ejercicios espirituales para despertar el Alma, que quizás esté durmiendo, es ser egoísta con el Espíritu. Todas ellas son actividades saludables. Qué maravilloso es cuando las demás personas cooperan con tu plan de cuidarte a ti mismo. Si los demás no valoran ese plan, déjalos que sigan su camino, déjalos ir con amor, teniendo buenos pensamientos y sentimientos hacia ellos. Pero déjalos ir, si no te apoyan en lo que te hace bien.

Comenzarás a descubrir tu propio amor divino cuando empieces a amar a los demás, pero eso no cuenta hasta que no puedas amarte a ti mismo. ¿Debes amar a los otros más de lo que te amas a ti mismo? No, porque es a través del amor incondicional por ti mismo que accedes al Espíritu que habita en ti. Entonces es cuando te conviertes en una verdadera alegría para los demás; entonces es cuando descubres el Alma. Cuando te cuidas en todos los niveles, para ti es muy fácil conectarte con el nivel del Alma cada vez que tienes la oportunidad. Y si te quieres liberar de patrones de encarnación, comienza a asumir tus responsabilidades inmediatamente; ahora mismo.

Ama entonces el nivel físico; consérvalo y mejóralo de todas las formas que puedas. Que tus emociones sean alegres y felices; mantente en equilibrio y exprésate amorosamente; alberga pensamientos que eleven al espíritu; dirígete a los demás con amabilidad; mantén la claridad; no critiques y ni siquiera hagas de los demás un tema de conversación; mantén en tu mente pensamientos y sentimientos bondadosos para que puedas compartir esa bondad con los demás; cuando los demás estén deprimidos, ayúdalos a animarse siendo simplemente tú mismo. Si aplicas este enfoque como método, se convertirá en una forma de vida. Y si lo haces de aquí en adelante, estarás ayudando a crear una brisa que limpiará el planeta.

Usa Todo Para Elevarte, Aprender Y Crecer

El Viajero te indica la dirección y camina contigo hacia tu despertar. Todo te apoya para que lo logres: todas las experiencias, cada persona que conoces, cada lugar adonde vas. No hay una sola situación que no pueda elevarte y señalarte el camino para que experimentes la presencia de Dios.

Si puedes percibir la presencia del Viajero cuando te sientes deprimido, cuando tienes dudas y miedos, ¿para qué evitarlos? Los sentimientos de separación y soledad pueden ser *herramientas* que te sacan de la negatividad y te incitan a encontrar una forma de expresión más positiva. A medida que te eleves a un estado de mayor amor y entendimiento, sentirás que el Espíritu se hace presente nuevamente en tu vida y eso puede servirte de motivación para mantener un ambiente amoroso en tu vida.

Vienes al mundo físico a conseguir las experiencias que el ser superior le ofrece al Alma para que evolucione.

Cada experiencia se convierte en tu estado de saber y de ser. Cuando tu certeza de saber que Dios te ama se haya arraigado en ti, descubrirás que *todo* lo que sucede es para elevarte y acercarte a tu propia divinidad. Un día despertarás y te encontrarás viviendo en el corazón de Dios, entonces comprenderás que todas tus experiencias no fueron sino peldaños en la escalera que conduce hacia Dios. Así que usa todo en este mundo—todas las plegarias, todos los libros, todas las Disertaciones, todos los seminarios, todo—para reflejar al Espíritu dentro de ti. Úsalo todo como un reflejo que te muestra la gloria de tu Espíritu y la gloria de Dios.

Verdaderamente no existen los errores; sólo existen las experiencias, porque se puede aprender de todo lo que acontece. Así que jamás te reprendas por algo que consideres un fracaso tuyo; simplemente velo como un área en la que puedes ganar mayor experiencia. Enfócate en tus éxitos, por muy pequeños o grandes que éstos sean, porque ellos son pasos que das hacia el frente y hacia arriba en tu camino espiritual. Asume una actitud que demuestre: "Yo cometo errores; me doy permiso para cometer errores y, aún más, me doy permiso para aprender de mis errores. Por lo tanto, estoy en un estado constante de crecimiento y evolución".

El Espíritu te brinda todas las experiencias necesarias para que despiertes cada vez más plenamente. El problema conyugal que tienes es un regalo que te da el Espíritu para atraerte hacia el Espíritu. Incluso tu espalda dañada, tus piernas defectuosas, tu malformación o la negatividad de tus emociones son manifestaciones del Espíritu para crear la conciencia en ti, que te hará retornar hacia el Espíritu. Todo lo que te sucede es para fortalecerte y elevarte... *¡todo!* Nada tiene la intención de destruirte o lastimarte de manera alguna. Cuando lo comprendas cabalmente y sepas cuán real es esto, no permitirás que nada te lastime porque todo estará bajo tu control. Cuando suceda algo que temes podría lastimarte, simplemente busca las bendiciones presentes y descubre cómo podrías elevarte a partir de esa experiencia. Úsala a tu favor, porque incluso las experiencias "negativas" son regalos del Espíritu para cimentar tu fortaleza, tu conciencia despierta, tu empatía y tu amor. No maldigas lo que aparenta ser un problema o sufrimiento para ti. Agradece a Dios por ello.

Puedes usar al sufrimiento como te sirves del medidor de gasolina de tu carro. Mientras más se acerca la aguja a la señal de vacío, más información negativa tienes que tu carro se está quedando sin gasolina. Puedes usar el sufrimiento cómo un "medidor de gasolina", que te indicará qué tan alejado estás de vivir plenamente en tu centro espiritual. Entonces, cuando te suceda algo que parezca lastimarte, en vez de resistirte a ello y evitarlo, lo asumirás con aceptación, expandiendo tu conciencia hasta abarcar los cambios y la nueva situación y descubrir las nuevas libertades de que dispones.

Cuando recibas retroalimentación negativa, dirás simplemente: "Claro que sí; eso me enseñó esto", y lo dejarás ir. Es como tu respiración número cuatro mil del día anterior. ¿Sabes cuál fue esa respiración? ¡Cielo santo, no! La dejaste ir, porque fue intrascendente para ti, y es así como se vuelven todas las cosas. Tú regresas una y otra vez al presente, al aquí y al ahora, y te mantienes observando. Cuando abandonas el pasado puedes usar todos tus errores, todos tus desaciertos, todo lo que aprendiste, todo de "fertilizante" para seguir creciendo; puedes usarlo todo para elevarte.

También es importante entender que crecer no equivale necesariamente a pasar una semana tranquilo. Puedes estar avanzando y progresando de manera positiva aunque te sientas mal o estés confundido. Tu percepción acertada de lo que está sucediendo realmente se puede bloquear en cualquier momento por los aspectos negativos de tu mente y tus emociones. Pero todos tenemos nuestro propio sistema para lograr las cosas y si es con un poco de sufrimiento, confusión y angustia, pues esa es la forma. Lo importante es el beneficio que se obtiene al final.

Sin embargo, cuando protestas y te quejas, colocas a tu alrededor energía condicionada negativamente y lo que obtienes es negatividad. En cambio, cuando bendices, amas y usas todo lo que te sale al camino para elevarte, aprender y crecer, atraes hacia tu campo de energía experiencias positivas, amorosas y de apoyo. No puedes equivocarte. El resultado es natural.

Dentro de ti existe un Espíritu que está atento y te cuida incondicionalmente. Cualquier cosa que parezca ser la mayor de tus catástrofes en realidad es la mayor de tus bendiciones porque te lanza hacia el nivel de conciencia siguiente. Así que, cuando suceda algo que a primera vista parezca injusto, busca la lección de amor que hay en el fondo. Si no la ves, colócala ahí tú mismo para que veas todo lo que te sucede a través de los ojos del amor.

Convertir Los Obstáculos En Peldaños

Yo no considero nada un problema en realidad. Todo lo veo como una experiencia que se me presenta para que yo pueda percibir la relación que tengo con esa experiencia y, posteriormente, al aprender a manejarla, sacar una ventaja de ella. En la medida en que logro verlo así, toda experiencia se convierte en un peldaño que me permite avanzar.

Si miras la vida desde esta perspectiva, el "fracaso" de una experiencia puede prepararte para el éxito en la que viene; tener éxito, por lo general, significa soltar todo aquello que impide que experimentemos amor. Todo lo que tienes que hacer para profundizar tu amor y progresar espiritualmente es aprovechar al máximo toda situación, sin importar de qué se trate. Aprovecha todo para crecer y aprender; usa todos tus obstáculos de peldaños para avanzar.

Salud, Riqueza, Felicidad, Prosperidad, Abundancia y Tesoros, Amar, Cuidar, Compartir y Llegar a los Demás

En el MSIA existen nueve ideas que aplicamos a nuestra relación con las demás personas y con nosotros mismos. Éstas son: salud, riqueza, felicidad, prosperidad, abundancia y tesoros, amar, cuidar y compartir. También existe una décima, que consiste en extender la mano y llegar al corazón de los demás y compartir todo esto con ellos. Somos la única organización en el planeta que usa estas ideas como una luz para guiarnos.

Salud

Puedes lograr una buena salud amándote tal cual eres. Así que cuídate bien, que ésa es otra manera de amarte a ti mismo. Aliméntate sanamente, haz ejercicio y practica todo lo que te apoye para mantenerte saludable. Considera tus preferencias y actividades físicas desde una perspectiva más elevada para que puedas verlas como oportunidades de amarte aún más.

Riqueza

El apego a acumular riquezas materiales puede transformarse en un impedimento para que descubras los aspectos más espirituales tuyos. Pero las riquezas materiales también pueden ser un reflejo externo de la riqueza y abundancia que se experimentan internamente. No hay nada de "malo" en poseer bienes materiales; es más, a veces te proporcionan una vida más confortable para que puedas servir a los demás con mayor facilidad. Por lo general, beneficias a otros cuando compartes la abundancia de bienes materiales que tú tienes. Todo depende de cómo lo manejes dentro de ti.

Felicidad

La felicidad es inseparable de la conciencia del Alma y ella sólo se puede experimentar viajando por el camino interior. La ilusión de tu continua búsqueda externa se explica porque el ser verdadero ha sido seducido por el mundo y por eso te encuentras allá afuera, buscando la felicidad en el mundo. Así que procura no adjudicarle tu capacidad interna de crear y experimentar gozo a los caprichos del mundo exterior. Encuentras la felicidad y la alegría cuando te conectas con la fuente de poder de tu existencia en el reino interno; esa es la naturaleza de tu verdadero ser. Se trata de una alegría dinámica, de una expresión de felicidad activa, y dentro de esa felicidad hay paz. Quizás no sea una felicidad festiva o llamativa, pero sí es una felicidad en donde se une la calidez de tu propia conciencia con el saber de tu Alma. Cuando esos dos aspectos se combinan, el resultado natural es la felicidad.

Prosperidad

La prosperidad está a tu disposición: tanto la abundancia del Espíritu como su manifestación en este nivel físico. Por eso debes hacer una elección consciente a favor de la prosperidad, de enfocarte en ella, y decidir que no sólo te la mereces, sino que también vas a perseguirla y a conseguirla. Si tomas la actitud de apoyarte tanto a ti como a los demás para que puedan dar lo mejor de sí, en gran medida, la creación de tu prosperidad y abundancia se manifestará automáticamente.

Abundancia

Se ha dicho: "Ustedes son dioses. Ustedes son abundantes. Ustedes son creadores". A medida que asumas estas verdades y sientas la alegría de formar parte de ellas, podrás comprobar lo fácil que es crear abundancia, compartirla y crear aún más abundancia, en un continuo proceso de reabastecimiento, al ritmo perfecto del

Espíritu. Y dado que el Espíritu es una energía disponible en constante expansión y que está presente de manera dinámica, depende de cada individuo mantener abierto el canal para recibir las bendiciones de la abundancia.

Tesoros

La riqueza puede representarse en dinero, aunque no necesariamente. Quizás seas rico en amigos o que tu riqueza se manifieste en tu estado de salud, en tu seno familiar o en la sociedad en la que vives. Y nada es tan bueno como tener buena salud, como la riqueza y la felicidad de estar sanos. En comparación con tener buena salud, las riquezas del mundo no significan nada. Jesús lo expresó así: "No guardéis tesoros en la tierra, donde la polilla y el óxido los destruyen, y donde los ladrones los minan y hurtan; mas guardad tesoros en el cielo, donde ni polilla ni óxido los destruyen, y donde los ladrones no minan ni hurtan" (Mateo 6:19, 20).

Amar

Lo que importa siempre y en todo momento es que seas amoroso. Debes ser amoroso contigo mismo y con los demás. Cuando lo practicas en la realidad presente, todos los otros conflictos se resuelven y comienzas a sintonizarte con el amor mayor, que es el amor del Viajero.

El primer paso es ser amoroso. También es importante que comprendas, que probablemente no saques ventaja de nadie en este mundo por tener el corazón abierto y lleno de amor. Lo único que sucede es que vives en un nivel de conciencia más elevado en tanto atraviesas los niveles inferiores. Eso es todo. Y es suficiente.

Cuidar

Existe un gran campo de amor que circula entre la gente que está unida por el amor del Viajero. Esto se manifiesta en ustedes en la medida en que se cuidan, se apoyan, trabajan juntos y son simplemente amistosos entre sí. La manera de saber si realmente son amistosos con los demás es la respuesta del corazón que se manifiesta al cuidarlos verdaderamente.

Compartir

Como jamás conoces el plan completo de Dios, no pierdas la oportunidad de expresarle a los demás el amor de tu existencia, así como el amor de la existencia de Dios. Pero no se lo des a la fuerza y tampoco los hagas sentir que nadie los quiere y que no se lo merecen. Vive en el amor de tu propia existencia y compártelo con los demás, ya que no hay nada más bonito que compartir tu corazón amoroso. Un poco de amor puede despertar a otros a que despierten a su propia Luz y, a su vez, ellos compartir esa Luz con más personas. Podemos cambiar el mundo de esta manera.

Llegar a los demás

La Luz de tu conciencia es el regalo más maravilloso que jamás puedas dar; es lo más valioso que existe. Tu expresión personal de la Luz es tan preciosa en su perfección y belleza, que la Luz en ti atraerá la Luz de otros. No tengas miedo de tomarle la mano a alguien o de abrazar a la gente. Comparte el amor, entrégalo. Tu amor crecerá como consecuencia de esto.

El desafío que se nos presenta es tomar lo que hemos aprendido y compartirlo. Si no compartimos lo que aprendemos, si no extendemos la mano y compartimos nuestra experiencia con los demás, nuestra participación tiene muy poco valor. Aquí se trata de la elevación de la sociedad como un todo, de la transformación real del planeta. Esta transformación es posible si estamos dispuestos a tender nuestra mano, si estamos dispuestos a comunicarnos, a compartir y a llegar al corazón de las personas que están presentes en nuestra vida.

Mi Plegaria

Dios mío, mi Señor,

Tú siempre me has escuchado y siempre hablas conmigo; ahora te ruego que veas si es posible hablarle al corazón de aquellos que son Tu pueblo, a aquellos que eligen seguirte. Susténtalos en lo que siembran. Permíteles gozar de su cosecha. Otórgales abundancia, prosperidad y riqueza; buena salud, tesoros y felicidad; amor y cuidado. Pero más que nada, Señor, permíteles que se entreguen cuando compartan.

Karma Se Deletrea E.S.T.U.P.I.D.E.Z.

El karma es la incapacidad de cambiar una conducta o de actuar de manera diferente. Cuando me preguntan: "¿Cómo puedo saber cuál es mi karma?", yo respondo: "¿Qué haces todo el tiempo o la mayor parte del tiempo?". Y cuando me cuentan, yo les digo: "Ese es tu karma". Y si objetan: "Pero yo hago otras cosas además", yo les contesto: "Bueno, existe más de un karma".

El karma además es estúpido. Simplemente no tiene intelecto funcional. Te desprendes de tu karma ejercitando tu inteligencia, tomando una dirección positiva y siendo íntegro. Si estás en una situación que no funciona para ti, que te desequilibra y te acarrea dolor y confusión, tienes derecho a cambiar de rumbo y a alejarte de lo que no te sirve ni te apoya.

Puesto de manera simple, karma significa: "Cosechas lo que siembras". Todo lo que pusiste en movimiento mucho, mucho tiempo atrás, rebota en ti. Cuando trabajas de manera directa con el Viajero, tienes la oportunidad de limpiar karma no sólo de esta vida, sino también de existencias anteriores. Tienes la oportunidad de completarlo en esta vida y de quedar libre. Esta es una oportunidad increíble y una gran bendición. Sin embargo, cuando atraviesas el karma, puede parecerte bastante raro. El desafío que se te presenta es el de mantener tu enfoque en el Espíritu, en la Luz y el Sonido y simplemente seguir avanzando en esa dirección con paso seguro, sin importar lo que suceda a tu alrededor.

Si eres inteligente y sabio, disipa el karma que crees durante el día, antes de que termine la noche. Si cargas con un pensamiento negativo hasta el otro día, con toda seguridad estarás creando más karma. Por eso es que recomendamos no irse a dormir con cosas "rondando por la cabeza". Levántate y anótalas en un papel y si es necesario, quémalo. Si puedes ponerte en contacto con la persona y decirle: "Mira; di una falsa impresión de mí y quiero rectificarla", podrías llegar mucho más lejos.

Si hay personas que continuamente provocan una respuesta negativa dentro de ti, ponlas en la Luz, teniendo muy claro que ellas no son responsables de cómo te sientes. *Tú* eres responsable de tu reacción. De esa manera todo se hace más fácil, porque no puedes odiar a nadie y tampoco alejarlos. No puedes odiarlos, porque te están ayudando a equilibrar tus acciones pasadas, a ganar en claridad y a elevar tu conciencia.

La protección que brinda el Viajero Místico es espiritual y no necesariamente física. Es posible que no tengas que vivir la situación físicamente si alguna acción kármica puede ser despejada durante el viaje nocturno, en vez de a nivel físico. Pero si es para tu bien mayor que vivas una situación físicamente, tendrás que pasar por ella. Por lo tanto, no asumas nada, cuida lo que hagas aquí y no te involucres en situaciones en donde es obvio que podrías salir físicamente lastimado.

Ama tu karma. Éste te da la oportunidad de aprender y de volverte más sabio. Y tienes la libertad de cambiar el karma de tu vida a través de tu capacidad para amar. Amando al Dios en ti y en los demás, tomarás la senda de mayor evolución. Puedes completar tu karma a través del amor.

Y no te asombres ni te condenes por lo inconsciente que has sido durante años. Descubrirás muchos de los desequilibrios que has creado cuando el velo se descorra y seas capaz de ver espiritualmente. Podrías empezar a condenarte a raíz de esto, a menos que mantengas la puerta espiritual abierta y recibas continuamente el fluir de la Gracia divina, de la conciencia divina. Despejarás todos estos desequilibrios del pasado si eres capaz de hacer esto.

Cuando este cuerpo se termine, la forma-Espíritu que serás tú no será atraída por ninguna de las cosas de la personalidad. Así que, ahora mismo, elévate internamente. Bendice tus sentidos externos, bendice lo que miras, bendice los alimentos que comes, bendice los cuerpos que acaricias. Se agradecido por tener con qué cubrirte. Ten compasión por este planeta; la necesita, pero sólo puede recibirla de alguien que la lleva adentro. Tú llevas compasión dentro de ti. Ejercítala con tus sentidos y caminarás a través de él libre de karma.

Las Fuerzas Leales De La Oposición

Yo llamo al poder negativo "las fuerzas leales de la oposición", ya que su función es asegurarse de que aprendamos nuestras lecciones para que podamos regresar a los reinos espirituales más elevados. Dicho poder hace mucho por fortalecernos y, en ese sentido, puede tomarse como algo positivo.

Las fuerzas leales de la oposición se aseguran de que tú te merezcas cualquier nueva posición que vayas a asumir. Se aseguran de que no sólo *pienses* que sabes y también se aseguran de que no sólo te bases en la fe. Deberás *saber* y ser capaz de cumplir lo que dices que puedes hacer. Deberás experimentar, demostrar y manifestar la conciencia del Alma.

El poder negativo arremete contra ti, porque su función es asegurarse de que te vuelvas lo más fuerte posible con las experiencias de este mundo. Su misión principal es distraerte hacia el mundo para que no te dediques a las cosas que te permitirán acumular suficiente energía para impulsarte hacia la conciencia del Alma. A medida que asciendes, las distracciones se ponen cada vez más sutiles. Si le haces caso a cualquier forma negativa, ésta se convierte en tu enfoque. Pon entonces cuidado, porque el poder negativo es muy astuto y sus lecciones no siempre son amorosas o elevadoras.

En el MSIA no le damos mucha importancia al poder negativo, aunque sí aprendemos a mantener un enfoque de amor frente a él, porque nuestra atención está dirigida hacia donde vamos, que es hacia la Trascendencia del Alma y hacia Dios.

Todos Somos Uno

El mundo se convierte en un lugar muy hermoso cuando comprendes que la esencia divina que *tú* eres, está también en todos los demás. Cuando eres incapaz de aceptar y amar a una persona determinada, creas una separación con todos. También creas una separación entre tú y el Dios en ti y entre tú y el Dios en los demás. Pero es fácil ver cómo aparece ante tus ojos una parte de Dios en todo lo que ves. Así que busca lo divino en todo y en todos.

Justamente, en la primera Disertación del MSIA se dice que el MSIA enseña la hermandad del ser humano y la Paternidad de Dios. El amor es el vínculo que crea dicha hermandad y el amor te hará libre para que descubras la Paternidad de Dios. Entonces, ponte de pie en la esencia de tu propio amor y deja que ese amor se convierta en tu conexión con todo. Entrega, recibe y comparte en tus relaciones personales. Elévense los unos a los otros, sabiendo que esa conciencia única es la conciencia que pasa por todos, por varios niveles de conciencia. También debes ser capaz de tomar ese amor especial que sientes por un amigo íntimo o tu pareja y, extrayendo la cualidad espiritual de ese amor, dárselo a *todos* los que se acerquen a ti.

Cuando reconozcas que todos somos uno, sabrás también que te hieres a ti mismo si hieres a otro. Así que debes amar y bendecir—automáticamente—a cada persona que encuentres. Debes perdonar—automáticamente—toda acción e intentar aliviar cualquier proceso de culpa que pueda aparecer en ti o en otros, de modo que nadie se retrase por tu causa.

Verdaderamente sólo existe un Bienamado: la forma-Dios. Tú eres parte de ella y todos lo somos. Cuando miras al Bienamado, lo separas y creas dos, cuando sólo existe uno. Pero somos uno en el corazón amoroso de Dios y ahí sólo existe el Bienamado. En consecuencia, permítete experimentar la cercanía y la fraternidad del Bienamado dentro de ti y saber que las aparentes diferencias que percibes afuera son sólo reflejos diferentes de la misma esencia interior. Caminamos por esta vida con Dios a nuestro lado, como nuestro guía. Nunca estamos solos ni separados, somos siempre amados y cuidados.

Estamos en el corazón de Dios. Y mientras más crezca tu corazón espiritual y más vivas en el centro de él, más profundamente descubrirás que estás despierto en el corazón de todo el mundo.

Todos Hacen Lo Mejor Que Pueden, En Base A Lo Que Saben

Si tuvieras en cuenta que casi todas las personas tratan de hacer lo mejor que pueden, tus relaciones podrían ser mucho más agradables y eso te incluye a ti. Podrías decirte a ti mismo: "Estoy cansado de decir que no puedo manejar las cosas. De ahora en adelante voy a manejar las cosas de la mejor manera que pueda, en el estado en el que me encuentro y en base a lo que sé, y voy a darle el mismo derecho a los demás". ¡Ah! Estarías en el amor incondicional, amando incondicionalmente a los demás, todo el tiempo.

Cuando la gente me ataca con palabras hirientes, yo pienso: "Dios te bendiga. Debes sentir mucha confusión por dentro para que hagas esto. Debe ser realmente difícil vivir con tanto dolor y agonía en tu interior. Así que yo no haré nada por empeorar tu situación". Porque si pudieras ver la agonía, el dolor y el sufrimiento de tu peor enemigo, sabrías que tiene sobre sus hombros muchísimo más de lo que puede manejar y no podrías evitar enviarle pensamientos de amor y desearle alegría y felicidad. Simplemente lo dejarías en paz con tus palabras y emociones, con tu mente y tu cuerpo material. Sencillamente le pedirías a Dios que, con Su infinita misericordia, le otorgase la paz eterna.

Si no puedes amar a alguien, es mejor que digas: "No lo conozco realmente". Esa es una afirmación acertada, porque cuando no amas a alguien, es porque realmente no sabes quien es. A cualquier persona que conozcas verdaderamente, la amas. Entonces, ¿amas y apoyas a todos aquellos con quienes estás? ¿Tienes en cuenta que todas las personas hacen lo mejor que pueden en base a lo que saben? ¿Usas la Luz para apoyar y elevar en todas las situaciones? Si te estás expresando de esa manera, estás accediendo al Alma.

Palabras Mágicas

Cuando eres un poder positivo, un "faro" de luz, ese positivismo se contagia a los demás. Cuando esa Luz fluye a través tuyo, bendices a toda persona con la que te cruzas durante el día. Cuando pasas cerca de alguien y, en silencio o en voz alta, dices: "Dios te bendiga", el poder de la mente envía energía positiva hacia esta persona.

Le he dicho a los jóvenes, cuyos padres discuten con frecuencia: "Cuando tus padres estén peleando, simplemente siéntate o quédate cerca de ellos y repite una y otra vez en tu mente: "Dios te bendiga". Algunos de ellos lo han puesto en práctica y me han contado que, a pesar de que sus padres discutían y estaban realmente molestos el uno con el otro, muy pronto se apaciguaron y se retiraron; más tarde comenzaron a bromear un poco y todo volvió a la normalidad nuevamente.

También existen otras palabras mágicas que crean positivismo. Decir silenciosamente: "Que Dios te bendiga", puede sin duda cambiar a las personas. Pero si quieres verlos cambiar rápidamente, añade en silencio: "Te amo", y tal vez se pongan absolutamente eufóricos, porque la negatividad desaparece y la energía positiva la reemplaza. Y si quieres hacer más aún, añade: "Paz, ten calma", haciéndolo extensivo a toda la creación, incluso en medio del disgusto.

El amor es un poder aglutinante que lo une todo. El amor tiene la capacidad de transformarlo todo en una acción positiva y en un fluir positivo del Espíritu. Estas palabras mágicas pueden producir milagros.

La Primera Ley Del Espíritu Es La Aceptación

Nosotros hablamos del Espíritu y de las leyes espirituales de aceptación, cooperación, entendimiento y entusiasmo. Primero, debes aceptarte a ti mismo antes de que puedas aceptar a los demás y debes cooperar contigo mismo primero, antes de que puedas cooperar con otros. Aceptar no implica creer, sino reconocer lo que está sucediendo. No declara si algo es "verdadero" o "falso"; solamente lo reconoce. Si aceptas a alguien en tu vida, puedes comenzar por cooperar con esa persona, y esa cooperación producirá la *experiencia* que te dará el entendimiento. Entonces, cuando entiendes, te entusiasmas, y el entusiasmo te da el ímpetu para trascender los niveles negativos y alcanzar el Alma.

La razón por la que muchos de nosotros no somos conscientes espiritualmente es porque solemos no aceptar o no querer aceptar lo que sucede. La aceptación es un fluir de la conciencia que sigue con lo que sigue sin detenerse. Por eso, acepta todo lo que se te presente y no protestes contra nada de lo que te ocurra. Si sucede, sucede. Continúa con lo tuyo y sigue fluyendo. No puedes controlar las circunstancias desde fuera, así que, en vez de resistir el sufrimiento o el fracaso y protegerte de ellos, más bien abraza y asume tus penas y fracasos, aceptándolos plenamente para que se vuelvan parte de ti. Después, puedes dejarlos ir, porque ellos son parte de tu medio ambiente interno y están dentro de tu dominio, y el amor de tu Alma puede disolverlos.

Cuando le entregamos nuestros insignificantes patrones de control al Alma—que está en un nivel más elevado y refinado que nuestra mente, nuestras emociones y nuestro cuerpo—, transferimos nuestra conciencia a eso que realmente hace funcionar las cosas. Entonces, no tenemos que hacer que las cosas sucedan en nuestra vida, porque ellas simplemente suceden y nuestra tarea es cooperar con el movimiento natural e inseparable en todo.

Por lo tanto, no olvides nunca que tú eres más de lo que haces. Eres más que cualquier cosa que enseñes o que digas y mucho más de lo que puedas expresar. Recuerda que el bien mayor prevalecerá siempre y que solamente necesitas cooperar con él. Es irónico, pero la cooperación es la clave para estar realmente en control.

Hay tanta libertad cuando le permites a tu propio ser, que es Dios, que se destaque, porque no tienes que pretender ser algo que no eres. Si te sientes especialmente amoroso y positivo, está bien; pero si no te sientes así, también está bien. Está bien que seas quien quieras ser en el momento. El sufrimiento es separación y la sensación de estar separados. La alegría es la unidad de todo. Para alcanzar la unidad, aceptas y asumes todos los aspectos del vivir: los errores, la magnificencia, el engaño y la integridad. Cuando lo aceptas y lo asumes todo, no hay nada que tú no seas; entonces, te vuelves uno con Dios, que lo es todo.

El Alma Es Neutral

La neutralidad es un estado progresivo y asertivo de tu ser, que no tiene apego a los resultados o a los procesos de alcanzar algo. Sólo te basta con estar ahí, disfrutando de todo, expresándote desde tu corazón, sin importar lo que nadie más haga. Y mientras más neutralidad puedas aportar a lo que observas, mayor capacidad tendrás de entregarte a la voluntad de Dios, aquí en el nivel físico.

Ser neutral no quiere decir que no te importen los demás o tú mismo. Puedes ser amoroso y bondadoso y seguir siendo neutral. La neutralidad surge teniendo una perspectiva más elevada, que es capaz de ver un panorama más generalizado y que comprende que el bien mayor puede cumplirse por vías que, a primera vista, no parecen positivas ni elevadoras.

Si tomas las cosas de esta manera, soltar puede resultarte mucho más fácil. Esta idea de soltar puede ser aterradora para muchas personas, porque hay cosas del mundo y la forma en que ellas se expresan, que les gustan y con las que disfrutan. Pero puedes soltar tu apego y continuar expresándote de la misma forma; eso es ser neutral.

El corazón amoroso, que es el Alma, es "neutral". Cuando el corazón amoroso fluye y está en plenas funciones, no siente ni deseo ni carencia. Las emociones son las que quieren esto y aquello. Cuando eres neutral y desapegado no te importa lo que los demás hagan, pero sí te importa ser amoroso, abierto y poder expandir tu conciencia. ¿Qué sucede si ésta no se expande al ritmo que tú quieres? Tan pronto te surge ese pensamiento, dejas de ser neutral. Estás intelectualizando y es probable que te estés tendiendo una trampa. Escucha a tu corazón espiritual en vez de escuchar al intelecto.

El Alma no considera las cosas 'buenas' o 'malas' y no emite juicios: es neutral. Estarás aproximándote a la conciencia del Alma cuando puedas expresar esa conciencia de neutralidad más plenamente. Y uno de los trabajos que hace el Viajero Místico contigo en este mundo tridimensional, es despertar los niveles multidimensionales dentro de ti y hacerte comprender que la negatividad es sólo una actitud. Te vuelves neutral cuando reconoces que tu amor es el amor de Dios y que tu alegría es la alegría de Dios; entonces, todo lo que haces es compartir desde un Dios a otro.

La Observación Es La Clave Para Dejar Ir

En la observación se trata de quedarte en tu propio centro espiritual, manteniendo la conciencia de ti mismo y del poder y protección espiritual que están a tu disposición, observando simplemente lo que sucede en el entorno exterior.

Para percibir lo espiritual en una situación tienes que colocarte por encima de ella, sin filtrarla por ninguno de tus "rollos" personales y colocarte en un estado de observación. Si simplemente practicaras la observación, serías capaz de percibir todo con mucha mayor claridad. En un estado de observación descubres que ahí no hay nada, que de una forma u otra no tienes nada que ganar o perder y que tampoco importa que te involucres o no en la situación. Tienes la capacidad de ver las cosas realmente claras, simplemente como son. Y si no puedes ver algo muy claro, no asumes nada al respecto, porque tan pronto lo haces, abandonas el estado de observación y comienzas a mezclar tus propios rollos en la situación.

Nosotros no nos quedamos en ese nivel: lo atravesamos. No convertimos en una catástrofe el hecho de tener, por ejemplo, 38°C de fiebre. Lo observamos para ver que nos está comunicando. A veces, está extinguiendo una enfermedad del cuerpo; otras, el calor del cuerpo está destruyendo un virus indeseado o cosas por el estilo. Así que no te apures por cambiar algo; más bien obsérvalo detenidamente para ver qué te está tratando de decir. No tienes que oprimir tu botón de pánico y sacar el salvavidas a la primera señal de cambio. Simplemente lo observas.

La observación es un estado de desapego, que te eleva hacia un estado de conciencia mayor, lo que te permite ir ganando en libertad. El proceso de observar los hechos de tu vida te ayuda a liberarte del ego y permite que el poder de Dios fluya a través de ti. Todo lo que tienes que hacer es abrirte y decir: "Señor, yo recibo. Gracias por Tu presencia". Entonces, agrádecele a Dios todas tus experiencias. Estás aquí para aprender y maduras en tu potencial divino, observando todos los niveles de tu conciencia cuidadosamente.

Ejercita Tu Dominio Mental

No puedes controlar a tu mente o a tus emociones, pero sí puedes dirigirlas para que se orienten como tú quieres. Cuando las emociones te invadan, puedes mantenerlas a distancia. Tú tienes la capacidad de cambiar de dirección y de fijarte una nueva, hacia donde quieres orientarte mental y emocionalmente.

No eres responsable de aquello que *llega a* tu mente. Muchas cosas irrumpen en ella durante todo el día, pero tú eres quien puede permitirle a cualquier pensamiento entrar e irse, simplemente. Tú eres responsable de lo que *mantienes* en tu mente y de aquellos pensamientos a los que les añades tu propia energía. Debes poner atención a lo que mantienes en tu mente, porque podrías convertirte en eso.

No se trata de suprimir las emociones y los pensamientos, sino de convertirse en el maestro de ellos y usarlos a conveniencia. Úsalos cuando surjan en ti y hazlos a un lado cuando dejes de necesitarlos. Puedes demostrar tu habilidad para imponerte en tu ambiente interno y mantener el dominio sobre él. Ésa es la bendición de ser el amo de la casa.

Por Aquí Tiene Que Haber Un Pony

Cuenta la historia sobre dos niños que fueron colocados en dos cuartos llenos de estiércol. Al cabo de un par de horas, alguien fue a ver cómo se encontraban los niños. Uno de ellos lloraba y se quejaba de su situación, del olor del estiércol y de su "horrible" suerte, al haber sido encerrado en el cuarto. El otro niñito sonreía lleno de entusiasmo y paleaba el estiércol tan rápido como podía. Cuando le preguntaron por qué estaba tan contento, dijo: "Con todo este estiércol, tiene que haber un pony por aquí".

No puedes controlar tu entorno, pero puedes controlarte a ti mismo. Tú eres el maestro en cualquier situación que te toca vivir. Podrías rebatir, por ejemplo: "Si, pero yo voy al colegio y el profesor me pide ciertas cosas y después me examina sobre ellas. ¿Cómo puedo ser el maestro en eso?". No eres el maestro del profesor; él es su propio maestro y como él es el creador de la situación, él tiene el control sobre ella. Tú, sin embargo, eres tu propio maestro y, en esa condición, puedes controlarte a ti mismo.

Tu tarea en este planeta ha sido diseñada a la perfección para ti: mantener tu actitud y tu conciencia en condiciones que favorezcan tu propio crecimiento. Y gran parte de tu capacidad para abrirte a lo nuevo, para incorporar ideas nuevas en tu vida, para cambiar patrones de conducta y crecer, depende de tu actitud en las situaciones en las que te encuentras. Puedes aprender de cualquier situación si mantienes una actitud positiva. Puedes crecer y elevar tu conciencia permanentemente y, de esa manera, la vida se transforma en una experiencia hermosa.

Miles de las personas que estudian con el Viajero Místico afirman: "Recién ahora comprendo que, en la libertad y el amor que tú enseñas, a pesar de que alguna situación no se haya despejado y que aún sea un montón de basura, significa "abono". Ahora simplemente dejo que muchas cosas crezcan y las uso para mi propio beneficio". Entonces, cuando las cosas no son como te gustaría que fuesen, eleva tu actitud y busca la lección, lo bueno y la bendición en tu experiencia. Si eres capaz de hacer eso, puedes transformarla en algo positivo y lograr una conciencia más grande de Luz.

Una de las consecuencias inmediatas de la Trascendencia del Alma es que puedes elevarte sobre las situaciones y verlas en perspectiva. En ese punto, no tienes que resolver nada. Tu actitud cambia a medida que te sintonizas con el Espíritu dentro de ti y el "problema" se disuelve. Eso se llama 'liberar karma' y también se llama 'vivir en libertad'.

El Mundo Es Perfecto; A Ti Simplemente No Te Gusta Cómo Es

El Alma, que es tu realidad mayor, es perfecta. Tú ya eres perfecto en ti mismo y tal cual eres. Aunque todavía no lo sepas, el plan que Dios tiene para ti, para tu prójimo y para el mundo es perfecto. Si aún hay aspectos de tu vida que te causan dificultades, *bendícelos*. Esos aspectos son bendiciones para ti, porque te llevan a buscar el Reino de Dios. Si todas las cosas fueran perfectas en este lugar, tal vez te olvidarías totalmente del sentido espiritual que tienes.

Si te apegas a alguna cosa de los niveles inferiores y te alías o entregas tu lealtad y tu amor erróneamente, todo eso podría serte arrebatado. Pero tal vez ésa sea la bendición más grande que puedas recibir, por lo tanto no te apresures y maldigas las "dificultades" que caen sobre ti. Puede que estén perfectamente diseñadas para que tu mayor bien se cumpla con creces. Si todo lo existente es justo y bueno, porque Dios es justo y bueno, y si todo lo existente avanza hacia su destino divino, el desafío que tú enfrentas es poderlo ver y cooperar con él.

Verás, estos niveles inferiores pueden estar llenos de errores, frustraciones y equivocaciones, porque están diseñados para que así sea. Están hechos para que refines tu nivel de conciencia, de modo que puedas descubrir quién eres de verdad de una manera más completa. La gente pregunta: "¿Cuál es mi bien mayor?". El Viajero responde: "Lo descubrirás en su momento". Luego agregan: "No quiero equivocarme. No quiero hacer nada que retrase mi crecimiento espiritual". El Viajero les dice: "No puedes. Tu progreso espiritual no está determinado necesariamente por tu situación física".

Y si en tu vida hay aspectos que son imperfectos y que no están en completo equilibrio, ¿puedes aceptar que tal vez debas aprender de esos aspectos y experimentarlos, y que es posible que aún no haya llegado el momento de tu completa sanación y perfecto equilibrio? ¿Podría ser que éste sea el estímulo que te mantiene en movimiento, creciendo, indagando y buscando? ¿Cabe la posibilidad de que eso estuviera perfectamente programado para tu bien mayor? La verdad es que con cada respiración Dios dice: "Estoy aquí. Todo está bien". Esa es la esencia eterna de Dios, que está enteramente presente en todo momento.

Nunca Se Te Dará Nada Que No Puedas Manejar

El Espíritu no te dará nunca nada que no puedas manejar, así que puedes tener la certeza de que siempre serás capaz de manejar la realidad. Lo logras estando presente en el momento y atravesando simplemente cada experiencia a medida que ésta se presenta. Puedes resolver cualquier situación y superar tus conflictos yendo a tu centro e invocando la fuerza universal. Te estarás elevando en tanto mantengas tu conciencia centrada y te liberes de tus expectativas y opiniones sobre lo que debería suceder o no, dejando que tus experiencias fluyan dentro de ti. En ese momento, independientemente de con quien estés o dónde estés, estarás avanzando por tu senda.

Y cuando eres un iniciado del Viajero y trabajas íntimamente y de manera consciente con el Espíritu, no es necesario pedir nada que no sea para tu bien mayor en tu siguiente nivel de desarrollo. Ya se te están brindando todas las cosas con el propósito de elevarte, purificarte y prepararte para recibir las llaves del Reino de Dios.

No Hay Emergencias En El Espíritu

Es importante recordar que realmente no existen las crisis o las emergencias. Las opciones son que vivas o mueras y si mueres, en realidad vives. Así que no hay emergencias ni crisis en el Espíritu. Si te toca vivir algo que se experimenta como una emergencia o una crisis, no te sientes a esperar al lado del teléfono. Siéntate al lado de la Conciencia del Viajero Místico, la que no se transmite por teléfono, sino a través del nivel del Alma.

Ten Paciencia Y Relájate

Para "dejar ir y entregárselo a Dios" debes ser paciente y relajarte. ¿Qué tal si en este momento Dios te estuviera utilizando para llevar Su Luz y Su poder hacia el mundo del nivel físico? ¿Qué tal si en este momento estuvieras viviendo de acuerdo al plan que Dios ha trazado para ti? ¿Qué tal si el que te sientas un poco triste y solitario fuera una herramienta para que te conocieras más a fondo? ¿Qué tal si la casa que se está quemando fuera la vía que Dios creó para liberarte de muchos de tus apegos mundanos y pudieras elevar tu atención hacia Su presencia? ¿Qué tal si todas las cosas de este lugar hubieran sido diseñadas para que pudieras alcanzar tu más alto crecimiento y elevación? Si puedes captar la idea, te será más fácil dejar ir y entregarle a Dios cualquier cosa.

No te puedes escapar de la esencia del Espíritu dentro de ti. Si tratas de negar esa esencia, el resultado es perturbación y desequilibrio. Tu nerviosismo te pone en contra de ti mismo, y no necesitas hacer eso; sólo tienes que relajarte, soltar y dejar que el perpetuo proceso del Espíritu se encargue de ti. Y no hay ni un sólo minuto en que no se te brinde la oportunidad de conocer el Alma más a fondo y de manera más profunda. Tú eres el medio para experimentar y conocer tu Alma, así que relájate, no reprimas nada y deja que tu Alma sea. Te conviertes en una bendición viviente cuando dejas espacio para que se manifiesten las bendiciones del Alma.

En consecuencia, debes tomarte el tiempo que sea necesario y dejar que tu vida se desarrolle al ritmo de Dios y a la manera de Dios. Confía en el Espíritu, en el Viajero dentro de ti. Permite que el Espíritu haga por ti lo que quizás no tengas el ingenio de hacer tú mismo. Si tú se lo permites, Dios te cuidará de una manera perfecta. La vida puede ser muy emocionante cuando sueltas y dejas que Dios se encargue de todo, cuando eres paciente y te relajas. Puedes terminar creando karma si insistes en hacerlo a tu manera, pero si aceptas la voluntad de Dios, eres libre.

Puedes Pasar Por La Vida Riendo O Llorando

La vida es humor puro, en su estado más gracioso. Cuando enfrentes alguna dificultad es importante que recuerdes que deberás seguir adelante, a pesar de tu actitud. Puedes seguir adelante riendo o llorando. Si tienes la oportunidad de elegir (que de hecho la tienes), decide continuar riendo, ya que es más divertido.

El Espíritu es alegre y así también la naturaleza del Alma. La personalidad no siempre es alegre, pero eso es parte de la ilusión del nivel físico. Puede que la personalidad se sienta perdida, pero no hay Almas perdidas. El Alma siempre sabe donde está, pero sencillamente no le interesa. Ella *sabe* que va a sobrevivir al cuerpo, a la mente y a las emociones, así que, ¿por qué no ser feliz en estos mundos inferiores? Y como al Alma le importan poco el tiempo y el espacio, le son indiferentes las pruebas de los niveles físico, mental y emocional. Ella ingresa al cuerpo físico, lo habita y se lo pasa de maravillas bailando la danza divina de Dios. En medio de las trivialidades de tu personalidad, el Alma ríe. Así que, adelante y sé simplemente feliz.

Si Va Ser Gracioso Más Adelante, Es Gracioso Ahora

Cuando puedas observar tu vida en perspectiva, apreciarás el humor que hay en ella. Disfrútala. Disfruta contigo mismo en todas tus aventuras. Si lo haces, es fácil para el amor hacerse presente y manifestarse en todo lo que emprendes; y la risa es amor demostrado y expresado. Es tan bueno y sanador que te puedas reír de ti mismo y contigo mismo. Si te tomas muy en serio, no pasará mucho tiempo antes de que caigas de rodillas y que el mundo caiga sobre tus espaldas. Y ésa puede ser una carga bastante pesada.

De lo que nosotros nos ocupamos es de lo primordial. A lo largo del camino hacia lo primordial, te encontrarás con un montón de personas, un montón de cosas, un montón de experiencias, un montón de risas, un montón de bromas, un montón de enfermedades, un montón de felicidad. La Biblia habla de que existe una temporada para esto y una temporada para aquello; tú participas solamente en la temporada que tú eliges y le permites a los demás que participen a su manera. Así encuentras la libertad. Encuentras tu liberación en el Espíritu. Y si todo eso va a suceder de todas maneras, más vale que nos riamos y decidamos vivir bajo la Gracia.

Si No Te Divierte, ¿Para Qué Hacerlo?

Puedes llegar a sentirte tremendamente feliz y divertirte al máximo dondequiera que te encuentres, si te mantienes centrado en el presente. Todo depende de tu actitud y tu actitud es elección tuya. Por eso, si estás deprimido, haz todo lo que esté a tu alcance para cambiar la depresión y el desaliento por la energía positiva de la diversión y la risa. Mira una película graciosa, sal con amigos y diviértete, cuéntate chistes a ti mismo, hazte cosquillas, canta, haz ejercicios espirituales o comienza simplemente a reírte.

En el MSIA nos divertimos mucho. Si alguien quiere unirse a nuestra diversión, está bien; y si no quiere, también está bien. Nosotros simplemente continuamos pasándola muy bien. Y si algo no me divierte, probablemente no me verás haciéndolo.

La Gratitud Es Un Poderoso Antídoto Contra La Negatividad

Has descubierto una verdad espiritual cuando te encuentras en un estado de gratitud sincera por tu vida entera y por todo lo que tiene que ver con ella.

Una de las oraciones más hermosas y gratificantes es decir simplemente: "Gracias". En realidad, esa es la única oración que se necesita. Si te has sometido a la voluntad de Dios y sucede algo aparentemente negativo, solo di: "Gracias, Señor", y busca lo que te pueda hacer crecer en lo que está sucediendo. También puedes agradecer que Dios esté involucrado— directamente involucrado—en tu vida. Agradece que Él esté purificando todo lo que necesita ser purificado, asegurándose de que aprendas las lecciones que viniste a aprender aquí, y que te esté elevando más y más todo el tiempo. En última instancia, no puedes hacer nada "incorrecto", porque Dios está contigo, en ti como tú, y se asegura de que todo salga perfectamente bien. Y eso significa un montón por lo que hay que sentirse agradecido.

Una actitud de gratitud es también una de las claves para armonizarte con la fuente infinita. Cuando le puedes agradecer a Dios—verdaderamente y con profunda honestidad—por todo lo que tienes, por todas tus experiencias, por toda la gente que está en tu vida y por todas tus formas de expresión, el sentido de gratitud cala muy hondo. En esa profundidad te abres a la fuente, que es infinita.

Considera también la posibilidad de sentirte agradecido cuando tus deseos *no* sean satisfechos y tus oraciones *no* sean respondidas. Deja ir esos ruegos y deseos y pide por el bien mayor, que puedas liberarte de la creación de deseos, liberarte de la ilusión y quedar libre para que puedas conocer tu propia Alma en toda su perfección y majestuosidad.

A veces, la manera más efectiva de sacar el máximo provecho de una situación es abandonándola. La otra alternativa es aceptarla y agradecer que no sea peor. A mí me parece que es mucho más fácil amarlo todo simplemente. Cuando algo así me sucede a mí, yo exclamo: "¡Vaya! Otra forma de amar, otra cara del amor, otra expresión del amor, otra localización del amor". Y entonces puedo participar en la situación y eso es estar agradecido.

A medida que empiezas a aceptar lo que tienes y agradeces tus bendiciones, descubres que tu vida se vuelve cada vez más feliz, porque verdaderamente, mis amigos, ustedes están bendecidos. No hay ninguno de ustedes que no reciba las bendiciones infinitas y la Gracia de Dios permanentemente.

El Mundo Físico Es Un Salón De Clases

Este plano físico es el nivel más inseguro, más plagado de dudas y más frustrante de todos, pero es así, porque es el salón de clases. La Tierra es uno de esos lugares en dónde el Alma puede alcanzar la mayor cantidad de experiencias en el período más corto de tiempo, así que ella decide venir a este lugar todas las veces que pueda, para hacer las experiencias que necesita y que la benefician, y para resolver situaciones pendientes de existencias anteriores. El Alma necesita estas experiencias para aprender a convertirse en un creador asertivo y eficiente.

Nuestra vida nos revela lo que debemos aprender a continuación; la intención no es exponer nuestros fracasos, sino revelarnos dónde nos faltó preparación, dónde no nos detuvimos para percibir qué sucedía realmente. Debes comprender que en los "juegos" del mundo y a través de ellos, hay lecciones valiosas que aprender. Y si no estuvieras aún en proceso de aprendizaje y crecimiento, ya no estarías aquí en un cuerpo físico.

Vive De Adentro Hacia Afuera

Verdaderamente, la frontera última está dentro de ti. No importa mucho lo que el mundo te presente cuando eres capaz de conectarte con tu amor, con tu centro espiritual. Tú cuentas con los recursos internos para crear tu propia felicidad y realización personal. Es cuando dependes de algo o de alguien para ser feliz y sentirte realizado que puedes caer de bruces. Tal vez es en esas ocasiones cuando renuncias a tu responsabilidad en relación a ti mismo.

Jesús nos dijo: "Mas buscad primeramente el reino de Dios y todas estas cosas os serán añadidas" (Mateo 6:33). Por haber malinterpretado esta afirmación, el hombre ha terminado muchas veces idolatrando a un Dios externo, buscando a Dios en algún lugar de una iglesia, en un templo, en un altar, en la cima de una montaña, en el fondo del océano, en la luna, etc. No nos fijamos en el resto de la directriz, que decía que "el reino de Dios está dentro de ti" (Lucas 17:21). No se puede ser mucho más específico que eso.

En este mundo, es importante seleccionar cuidadosamente las conductas y formas de expresarse con las que uno se involucra. Muchas veces es mejor decir: "No voy a hacer eso; no quiero ser parte de eso. No tengo nada en contra de ti o de lo que estás haciendo, pero, para mantener mi propio equilibrio, debo manifestar que no me quiero involucrar en esa acción". Tú tienes derecho a declarar tu propio equilibrio. De hecho, es tu responsabilidad divina hacerlo.

No necesitas buscar orientación afuera. En todo momento, puedes simplemente escuchar tu propia sabiduría y vivir a partir de esa realidad. Por lo tanto, sé siempre leal a ese centro puro en tu interior, que te indica tu dirección. Escucha dentro de ti el mensaje del Espíritu, de tu propio Espíritu, de tu propia conciencia del Bienamado. Toda la sabiduría se encuentra a tu disposición todo el tiempo. Para ti implica un desafío la responsabilidad que tienes de sintonizarte con el Espíritu y con el Dios interno para poder escuchar tu propia sabiduría. Y si eres capaz de captar el mensaje más allá de las palabras escritas aquí, si puedes ver y reconocer la verdad en las ideas expresadas en estas páginas, es sólo porque la verdad en ti reconoce la verdad afuera. Esa parte de ti que conoce la verdad, sabe lo que se está enseñando.

Todo el amor está dentro de ti. Puedes vivir más libremente y con menos esfuerzo si recurres a tu mundo interior con amor y mantienes ese amor. El corazón amoroso brota como una fuente y lo salpica todo en la vida. Todo aquel que tropieza con una naturaleza amorosa, puede ser elevado; entonces, cuando expresas tu amor, todos los que te rodean pueden ser alcanzados por él y despertados.

Por lo tanto, debes comprender que tu mundo está dentro de ti. Difunde tu Luz interna; atesórala y permítele que brille. El Espíritu vive en la conciencia interior y su voz resuena en el silencio del corazón espiritual. Su movimiento se manifiesta en la perfecta quietud interior y su expresión más acabada se encuentra en la paz y en el amor que residen en la esencia misma de tu ser. Entonces, no busques a Dios y al Espíritu afuera. Simplemente despierta a su presencia en tu interior y comprende que Dios reina personalmente dentro de ti, como tú, y que el Bienamado está presente.

Eres Un Creador

Si yo pudiera hacerte comprender que tú eres *personalmente* la fuente de todo lo que existe en tu entorno, habrías obtenido el conocimiento necesario para que tu vida se manifestara de una manera abundante para ti, porque tú eres un creador, un creador divino, si así lo eliges. Se te coloca en el planeta con todo lo que hace falta en tu interior. No puedes enojarte a menos que lo permitas, tampoco puedes ser controlado, si no lo permites. Esto te coloca en una posición única. Y como eres un creador, puedes crear discordia o armonía, tristeza o felicidad, depresión o alegría, creatividad o apatía.

El Espíritu es lo oculto, lo invisible. Siendo el Espíritu neutral, nos permite darle forma dentro de nosotros. Si le das forma negativa, eso es lo que recibes. Pero si le das forma positiva, obtienes *eso*, y si eres sabio, también le darás forma con amor. Así que usa tu sabiduría para tomar las decisiones que te apoyan y vive de acuerdo a tus preferencias, sin negar nada, pero sí tomando decisiones que te orienten positivamente.

El poder de Dios es un aspecto inseparable de tu ser a través del Alma. Es una perla de tan alto precio, que para alcanzarla debes atravesar una transformación de conciencia y aprender a responsabilizarte absolutamente de todo lo que pones en movimiento y completar aquello que comienzas. Si tu creación pertenece al mundo físico, complétala aquí; si pertenece a la imaginación, complétala allá; si es emocional, resuélvela en la emociones y si es de la mente, completa tus pensamientos. No comiences nada que no tengas pensado terminar. Pon atención a los compromisos que asumes en el mundo. Mantenlos a un nivel realista y sólo comprométete con aquello que puedas cumplir. Si lo haces de esta manera, experimentarás una mayor libertad.

No tienes que participar en la negatividad cuando ella esté presente. Tienes opciones, porque tú eres quien tiene el control y el que decide qué hacer en tu vida. Y tienes que tener mucho cuidado con los pensamientos que permites entrar en tu mente. Haz que sean positivos y elevadores para que la forma que le transmitas al Espíritu sin forma sea positiva también. Si vas a pensar, piensa en cosas maravillosas, hermosas y elevadoras.

Usa tu mente como una herramienta para elevarte.

Además, el corazón espiritual conoce siempre la verdad. Cuando no sepas bien cómo podría guiarte el corazón espiritual, comienza por preguntarte: "¿Es ésta la acción correcta para mi?". Si el corazón canta una canción de amor, adelante. Si no hay respuesta o si tienes dudas, evítalo. Ésa es tu guía y es el amor guiándote.

Es fácil colocar la conciencia interna en el Alma, pero es igual de fácil perder esa conciencia. Sueles perder esa conciencia, porque el mundo no parece apoyar el despertar espiritual. El Espíritu te permite entrar con facilidad, pero tiene que cederle el paso a la materialidad del mundo. Como el mundo material ofrece un millón de distracciones, para crear lo que quieres es necesario que observes en qué te enfocas y qué te motiva. Si quieres conocer a Dios, debes mantener tu mirada en Dios.

Entonces, define tus prioridades y coloca sólo a Dios por delante. Cualquier otra cosa se va a arruinar, a descomponer y a destruir. Debes conocer lo qué tiene valor real para ti y determinar a qué le entregas tu energía y qué es lo importante para ti. Sacrifícalo todo en este mundo por conocer a Dios. Todos los días tienes que elegir la experiencia de tu Alma y eso siempre es decisión tuya.

Aburrido Y Cansado De Estar Cansado Y Aburrido

Si pudieras tener todo lo que quieres dónde te encuentras, ya lo tendrías. Esa es una ley espiritual. Para conseguir lo que quieres debes moverte de lugar. Y, a veces, harás cambios en tu vida por estar aburrido y cansado de estar cansado y aburrido. Es posible que tengas que perturbar tu propia calma para tomar conciencia de ti mismo, para fijar un punto de referencia en tu progreso y comprender que para siempre estarás ascendiendo en tu evolución espiritual, acercándote todo el tiempo al corazón de Dios.

Tu congoja, tu nostalgia y desesperanza son el resultado de intentar revelarte contra ti mismo poco a poco, para poder aceptar tu propia conciencia de Dios y tu propia Luz Crística interna. A eso se reduce todo el sufrimiento. Pero a veces tú te defiendes con "dientes y muelas" por permanecer aferrado a las cosas viejas, a las que estás acostumbrado, aunque no te funcionen.

Cuando estás trabajando con el Viajero, él ingresa a tu conciencia a través del amor y comenzará a amar tu sufrimiento hasta que éste te abandone. El Viajero puede colocar más amor en ti que todo el sufrimiento que tú puedas crear. Ésta es una de las cosas que hace que el trabajo con el Viajero sea tan maravilloso. ¿Puede disolverse el sufrimiento de verdad? Claro, puede ser borrado simplemente. Esto sucede en los balances de aura todo el tiempo. También sucede durante los seminarios, cuando lees tus Disertaciones del Conocimiento del Alma y cuando haces ejercicios espirituales. Pero también tiene lugar en el momento propicio, cuando estás preparado para aprovecharlo y utilizarlo para tu mayor bien. El sufrimiento se libera a medida que aprendes a dejarlo ir y cuando tienes la sabiduría y el coraje de decir: "Ya no puedo soportar la pena; ya no puedo soportar el dolor. Voy a hacer todo lo que esté a mi alcance para no sufrir, para no lastimar a nadie, para no causar sufrimiento y no involucrarme con el dolor". Eso es bueno e inteligente. Es el paraíso. Es el Cielo.

Gana En Tus Fantasías

No pierdas en tus fantasías; gana siempre en ellas, porque eres tú el que las inventa. No las inventes como algo malo, invéntalas como algo bueno.

Cuando te preocupas, mantienes imágenes en tu mente de lo que *menos* quieres. Pero la ley del Espíritu dice: "Te conviertes en lo que te enfocas. Atraes hacia ti aquello en lo que te enfocas". Así que mantén en tu mente imágenes de lo que quieres *más*.

Dios Es Tu Socio

Por ser un iniciado del Viajero que evoluciona a través de diversos niveles de iniciación, a medida que te vas sintonizando más íntimamente con la Luz, el Sonido y la fuente dentro de ti—que es Dios—, tu poder va creciendo. Tus pensamientos mismos se convierten en rezos, y si dichos pensamientos se energizan con tus emociones, estás en condiciones de crear lo que deseas con increíble rapidez y efectividad. Por eso tiene muchísimo sentido que escuches tus deseos y, si encuentras que están alineados con tus metas más profundas, que trabajes en ellos con Dios como tu socio.

En el MSIA, esto se practica principalmente a través del diezmo y la siembra. El diezmo representa colocar a Dios en primer lugar en tu vida y convertirse en un donante dichoso manifiesta, en gran medida, lo que significa amar al Señor con todo tu cuerpo, mente y

Alma. Para nosotros, el diezmo tiene su origen en la época de Abraham, cuando éste le daba al sumo sacerdote Melquisedec. Posteriormente, cuando Jesús vino al mundo, la antigua ley del diezmo fue reemplazada por un proceso nuevo del Cristo. Por lo tanto, nosotros tomamos la antigua ley y la cambiamos para ajustarla a la nueva corriente de energía. Cuando diezmas al MSIA, lo haces en ese flujo nuevo de energía bajo el Cristo. Eso significa que si diezmas con bondad y gratitud, se te otorgará infinita Gracia. La gente que diezma en el MSIA tiene experiencias maravillosas, las que no necesariamente se relacionan con el dinero, pero definitivamente sí experimentan la libertad propia del Espíritu en ellos mismos. Es como si su propia esclavitud hubiese sido abolida.

Dios dijo: "El diez por ciento de todo lo que tengas, viene primero a Mí. En todo incremento que recibas, yo recibiré el diez por ciento primero. Eso es Mío". Pero debió haberlo expresado así: "Todo es Mío y tú puedes quedarte con el noventa por ciento". Dar el diezmo es una forma de decir: "Dios mío, envíame todas las bendiciones que tengas para mi". Es muy cierto que, si diezmas, conoces a Dios, pero también es cierto que, si quieres conocer a Dios, debes diezmar. La declaración funciona en ambos sentidos.

Sembrar es una acción de carácter espiritual, porque tu socio es Dios. De alguna manera, diezmar es decir en esencia: "Dios mío, gracias por lo que he recibido". La siembra es para un efecto futuro y se hace de antemano. Opera igual que cuando bendices tu alimento y dices: "Dios mío, gracias por lo que voy a recibir". El valor interno de la siembra debe corresponder con el valor que estás sembrando. Además, procura tener una imagen de lo que estás sembrando para que el Espíritu tenga un objeto a través del cual se pueda manifestar.

Mediante la siembra, Dios te otorga su Gracia de muchas maneras, de cuya mayoría ni siquiera estás consciente. Por ejemplo, tu siembra puede impedir que te sucedan cosas negativas de las que tú no sabes, lo que—a su vez—permitirá que se manifieste aquello que quieres. Dios siempre me concede mis siembras—siempre—, no necesariamente de la manera que a mí me gustaría, porque tal vez no sea beneficioso para mí que yo obtenga aquello por lo que sembré. A veces, la bendición no es lo que recibes, sino lo que no recibes.

Pagas el diezmo y entregas tu siembra a la fuente de tus enseñanzas espirituales. Para aquellos que estudian con el Viajero Místico, esa fuente es el MSIA. Pero debes recordar que *Dios* es tu socio en esto, no soy yo ni la Iglesia. Esto que haces queda entre tú y Dios.

El acto de diezmar y sembrar, con la actitud de generosidad apropiada, puede abrir tu Espíritu y brindarte paz interior, equilibrando algunos bloqueos kármicos que pueden haberse interpuesto en tu camino. Y si además de eso recibes cosas materiales, estarás ganando la torta y comiéndotela tú mismo.

¿Es Dios tu socio? Si la respuesta es sí, no tienes problemas. Es muy difícil que alguien pueda apartarte de tu Espíritu si practicas ambas cosas: diezmar y sembrar.

El Nombre Del Juego Es Completar

Esta vida es bien fácil. Hacer y completar, hacer y completar, hacer y completar, hacer y completar: no hay karma. Decir que vas hacer algo y luego no hacerlo: karma. Comenzar hacer algo y luego no terminarlo: más karma. Sentirse mal por todo lo anterior: más karma. Es obvio que así hemos logrado más karma que asuntos completos.

Algunos de los asuntos incompletos se relacionan con cosas materiales que has acumulado en tu entorno, así que simplifica tu vida. No necesitas todo ese desorden de cosas al que te aferras. Deshazte de todo eso ahora, porque te está robando la energía. De hecho, el desorden requiere de energía para mantenerse. Comienza con las cosas más pequeñas. Si ordenas, aunque sea un poco, te sorprenderá la gran cantidad de energía que se puede liberar dentro de ti. Rodéate sólo de aquellas cosas que te proporcionen energía.

Lo que suele sucederte es que te rodeas de recuerdos que te mantienen volviendo al pasado. Completar asuntos no significa necesariamente que los termines realmente a nivel físico. Puedes dar algo por terminado con sólo decir: "Está listo. No lo voy a seguir haciendo. Lo doy por terminado tal como está".

En todo esto, el desafío que enfrentas es lograr que tu mente se mantenga enfocada hasta que completes la acción de tu pensamiento. Si eso es lo único que logras aprender, habrás superado esta Tierra.

El Espíritu Es Siempre *Ahora*

El ahora es el único momento que existe; no hay más. Es lo único verdadero, así que disfrútalo. Puedes seguir teniendo aspiraciones, planes y sueños, pero colócalos en donde puedas manejarlos de manera realista y eso comienza en el aquí y el ahora.

Para que puedas vivir en el ahora debes mantener tus emociones en una conciencia "positiva", la mente enfocada en completar asuntos en el momento presente y el cuerpo sano y en buen estado para sostener la energía del Espíritu. Cuando eres capaz de lograr esto, la capacidad de la conciencia se expande. Entonces, surge la responsabilidad de poder sostener tu energía en ese campo expandido y la recompensa obvia es la habilidad de hacer más. De esa manera, tu conciencia puede expandir su capacidad incluso más.

Por lo tanto, no debes preocuparte del futuro. Es menos probable quedar atrapado en la negatividad cuando vives sin expectativas. No vivas imaginando lo que puede suceder. Por el contrario, visualiza la presencia de Dios para que puedas lograrla. Entonces, si te encuentras con algún tipo de negatividad, serás capaz de atravesarla sin mayores problemas.

Y no te preocupes por el pasado, pues no puedes vivir en el ayer. El corazón no vive de recuerdos; el corazón desea ser satisfecho ahora, en este nivel, en este momento. Así que no sientas ninguna inquietud en relación a ti mismo, pues todo ha sido atendido ya. El ser verdadero te está haciendo avanzar por tu destino divino y no es necesario que revises tus acciones pasadas. Es posible que descubras que todo comienza a despejarse, si te dedicas primero a lo que es verdadero para ti en este momento, trabajas con eso y no te concentras en las cosas negativas del pasado que "salieron mal".

La mente es cambiante, las emociones traicionan, el cuerpo se desintegra, la personalidad se modifica, pero el corazón viviente del Cristo vive eternamente. La eternidad es ahora. El ahora eterno está siempre presente y cada momento, cada respiración es un regalo divino. Cada aliento es una oportunidad para recordar a Dios y venerarlo.

El Ser Humano Nació Para Ser Feliz Y Eso, En Abundancia

Cuando Dios despertó y se volcó sobre Sí Mismo y le infundió vida a todos los mundos, lo hizo por Él mismo, y eso está incorporado en todas las Almas. Lo hizo para que todos nosotros tuviésemos esa experiencia y fuéramos felices y dichosos más allá de todo lo imaginable.

La literatura sobre el Espíritu afirma que tú has de tener alegría y de ésta, en abundancia. No habla de que vayas a lograr satisfacción mediante actividades sensoriales. Dice 'alegría' y la alegría es inseparable del Espíritu. Cuando sientes alegría—cuando la felicidad simplemente irrumpe en tu interior—no importa lo que hagas o digas, o en lo que te conviertas en el mundo, ese centro de calma y felicidad no se altera, porque es lo que es. Es ahí donde radica tu realización por el hecho de estar en este nivel.

Y cuando algo te causa alegría y felicidad, aunque no puedas verlo, tocarlo, sentirlo, escucharlo u olerlo, estás accediendo al Espíritu. Estás en el Espíritu cuando sientes que la alegría y la bondad burbujean dentro de ti sin razón aparente. Cuando sientes ganas de reírte y nada es especialmente gracioso, sino que la risa es la expresión del bienestar que sientes en tu interior, estás en el Espíritu. Es esa paz que supera al entendimiento y ese amor que se mantiene, sin importar lo que la gente haga.

A pesar de que la naturaleza misma del Alma—que es lo que tú eres—sea felicidad y alegría, eso que es el ser verdadero ha sido seducido y busca la felicidad entre las ilusiones del mundo. Pero ella no está ahí, porque la felicidad está adentro, la felicidad es del Alma. Incluso, en medio de aflicciones y sufrimientos, de angustias emocionales y pensamientos negativos, puede haber alegría y amor, porque ésas son expresiones del Alma. Para participar conscientemente en el despertar del Alma debes armonizarte con su naturaleza dichosa. Así que cultiva la alegría en ti mismo y en todo lo que hagas. La alegría es más real que los problemas que tienes. Cuando estás centrado en Dios, la alegría está siempre presente, incluso sintiendo miedo, aprensión, ansiedad, expectativa, duda, pesar y preocupación.

Puedes sentir alegría en el nivel físico. Si vas a fregar el piso, hazlo como una danza. El Alma puede danzar a través del trapeador, del cepillo y del agua; entonces, fregar el piso se transforma en una expresión de dicha del Espíritu. Puedes abordar absolutamente todo y cada cosa que hagas en un cien por ciento con el Espíritu.

Puedes sentir alegría en las emociones. La expresión positiva de las emociones es un estado de alegría y felicidad, es una sensación buena hacia todo lo que es de Dios, en todas sus manifestaciones y a lo largo y ancho de toda la creación. Es la acción que verdaderamente ejemplifica al corazón amoroso. Hace mucho tiempo me dije que cada vez que me invadiera una sensación de depresión, ésta me conectaría inmediatamente con la alegría. En otras palabras, reprogramé la depresión por felicidad. Cualquier estado inferior al amor sirve para reprogramarte a que regreses al estado del amor. Cualquier estado descentrado puede ser usado para conectarte de nuevo con tu centro.

Puedes sentirte alegre en la mente. La mente es incapaz de comprender al Espíritu, pero el corazón *conoce* al Espíritu. Cuando puedas acallar lo suficiente el parloteo de tu mente como para escuchar al corazón espiritual, podrás encontrarte a ti mismo en el amor viviente—en la presencia eterna de Dios—, y ésa será una ocasión de celebración y dicha.

Puedes crear mayor alegría en tu vida, pero es difícil producirla en gran cantidad si tienes un montón de karma que te hace trabajar hasta quemarte las pestañas. Tienes que alzar la mirada de vez en cuando para ver la esencia de la Luz que se derrama sobre ti. Ese es uno de los beneficios de los seminarios del MSIA, de las Disertaciones del Conocimiento del Alma y de reunirte con personas que también viven de acuerdo a la Luz. Compartes la visión y la fuerza del grupo. Además, te da una dosis concentrada del Espíritu Santo, que surge cuando la gente se congrega en la Luz.

Vivamos, entonces, en el Espíritu de la Luz, del amor, de la felicidad y de la alegría y encontremos a Dios adentro y a Dios afuera. Y a medida que despiertes más plenamente al Espíritu en tu interior, podrás verlo mejor en los demás. Comenzarás a ver al Espíritu por todos lados. Percibirás todo como parte de Dios y todo lo que mires podrá elevarte, porque te estará orientando constantemente hacia Dios. ¡Qué día tan feliz será ese!

La Deshonestidad Hace Perder El Derecho A La Ayuda Divina

Si te aproximas a las cosas, desde el nivel que sea, de una manera deshonesta, te las tienes que arreglar solo, pierdes el derecho a la ayuda divina y debes sufrir las consecuencias en tus propios términos. Veamos, entonces, *dónde* se pierde en realidad la ayuda divina. Se dice que el Reino de los Cielos está en nuestro interior. Entonces, si la deshonestidad anula la ayuda divina, ¿dónde tienes que ser deshonesto para perder la ayuda divina? En tu interior.

Por ejemplo, en términos de un negocio, si tú y las personas que trabajan contigo manejan la empresa con honestidad y brindando un servicio amoroso— no sólo en sus relaciones interpersonales, sino también en las relaciones con terceros en el mundo—para el Espíritu es realmente fácil colocar Su energía ahí. Pero si la mentira, el engaño, la deshonestidad, etc., son parte del negocio en algún aspecto, automáticamente se bloquea la participación del Espíritu a cualquier nivel.

Digamos que no has estado haciendo lo que predicas. Si eres honesto y lo reconoces: "Es verdad; he sido un hipócrita en muchos sentidos", te abres a recibir de la esencia de la energía espiritual. Pero si niegas la verdad, te cierras y el Espíritu no puede entrar en un lugar cerrado. Por lo tanto, si niegas algo que te está sucediendo internamente, si niegas la situación en la que te encuentras o lo que la produjo, es muy difícil que algo cambie, mejore o se corrija.

Integridad Es Tener La Valentía De Vivir De Acuerdo A Tu Verdad Con Autenticidad, Cuidando y Tomando En Cuenta A Los Demás

En el mundo físico, la integridad es una demostración de espiritualidad. Nadie te puede forzar a vivir de acuerdo a lo mejor que hay en ti y tampoco nadie puede hacer que obedezcas a tu conciencia. Imagina que lo haces, porque decidiste hacerlo; eso es integridad.

Cuando entras en ese estado de integridad, todo lo haces con un sentido de entereza, honestidad, presente y verdad. Pero antes que nada, tienes que reconocerlo en tu interior. Así que hazte a ti mismo un favor: vive con honestidad e integridad y sé afectuosamente amable y caritativo con tus semejantes. Tu recompensa será la capacidad de hacer mejor las cosas y el despertar del Espíritu a niveles superiores de expresión dentro de ti.

Y sé totalmente sincero contigo mismo. No te engañes pensando que las cosas son lo que no son, pues no tienes que defender nada. Cuando dejas de defenderte y simplemente reconoces lo que es, repentinamente puedes percibir lo que estás haciendo con mayor claridad. Estarás mucho más adelantado en el camino de la realidad, mientras antes asumas lo que sucede de verdad y te olvides de las ilusiones o de las esperanzas que te forjaste, en relación con lo que quieres que suceda. Así que vive tu vida tal como es, no cómo te gustaría que fuera, tampoco cómo piensas que debería ser, o cómo tus padres te dijeron que debería ser. Vive tu vida tal cual es.

Cuando permites simplemente que tu propio ser—que es Dios—brille, la libertad es tan grande, porque no tienes que pretender ser algo que no eres. Si te sientes especialmente amoroso y positivo, está bien; pero si no te sientes así, también está bien. Está bien que seas quien eres en ese momento. Sólo sé tu mismo y permite que eso sea suficiente, porque sí lo es. Cuando reconoces lo que es y te manejas en base a eso, descubres que tu honestidad te da poder y seguridad y que es la llave para tu próximo nivel de evolución.

Por eso, no trates de esconder tus equivocaciones y errores de conciencia. No se los puedes ocultar a tu Alma y es a tu propia Alma a quien tienes que rendirle cuentas. Si cometiste un error, asúmelo y haz lo que sea necesario para corregirlo. No tienes que sentirte avergonzado, porque en esa conducta hay una integridad que produce una tremenda libertad.

Con integridad interior, la libertad trae aparejada responsabilidad hacia uno mismo. Te puedes meter en problemas si eliges la libertad antes que la integridad. Cuando la integridad y la libertad caminan de la mano, esa combinación te puede elevar muy alto en el Espíritu. Con integridad y libertad, tu vida interna y tu vida externa se equiparan; entonces, en tu vida existe una sola realidad y es fácil vivir a partir de ella. Fundes tu vida externa con tu vida interna y vives como forma espiritual en una forma física en el mundo.

Y sé honesto en tus relaciones con los demás. Si alguien cercano a ti hace algo que te molesta, díselo. No permitas que eso se prolongue y que la irritación crezca en tu interior hasta que comience a manifestarse en todo tipo de formas extrañas y ajenas al hecho en sí. Díselo. Dale la oportunidad a tus seres queridos de que participen contigo. Y si tu pareja, algún ser querido o un amigo tiene la valentía de ser honesto contigo, dile cuánto aprecias su honestidad y apóyalo con cariño para que sienta la libertad de poder ser auténtico contigo. Eso será tremendamente gratificante para ambos.

La honestidad puede ser una gran expresión de amor. Cuando compartes con una persona con honestidad *amorosa*, no lastimas a esa persona y tampoco la alejas de ti. Apoyas a esa persona para que ascienda a un nuevo nivel interno. Y recuerda que "ser honesto" no te da licencia para imponerle tus opiniones a nadie, ni para lastimarlo en nombre de la "verdad". Entonces sé siempre amoroso en tu forma de acercarte.

Cuando eres honesto contigo mismo y con los demás, puedes "morir" verdaderamente a este mundo en las noches cuando te vas a dormir, y ser libre en tu conciencia para viajar por los mundos internos hacia Dios. Puede que te retengas en el cuerpo y que no te puedas liberar si hay situaciones del día que te mantienen atrapado. El Viajero no podrá llevarte al Alma, porque tu mente y tus emociones siguen luchando por resolver las confusiones del día. Hazte un favor: se honesto en tu vida cotidiana, para que más tarde puedas soltarla y viajar libremente en el viaje nocturno. Además, comprobarás que puedes vivir con mayor libertad también durante el día.

Por lo tanto, camina siempre con la veracidad de tu corazón espiritual. Cuando vives basado en la verdad de tu propio ser, te vuelves bastante realista en relación a lo que es. Puedes percibir las cosas como son y funcionar a partir de esa comprensión, sin necesidad de emitir juicios de valor con la mente y las emociones. Eso te proporciona una enorme libertad, porque eres capaz de percibir cada vez con mayor claridad y cada vez con menos juicios. Ves las cosas como son y operas a partir de ese nivel. Es bueno encontrarse en ese lugar y esa es la forma de encontrar a Dios.

Los Juicios Intentan Destronar Al Cristo

No hay absolutamente ninguna posibilidad en la viña del Señor de que puedas alcanzar la conciencia de Dios y sustentar alguna forma de desprecio al mismo tiempo, pues ella te bloquearía. Sentir desprecio por Dios es sentir desprecio por todo lo existente. Y si sientes desprecio por tu padre o por tu hija, por un jefe, una mesa, un color de piel, un peinado o por ti mismo, sientes desprecio por el Dios Supremo que está en todas las cosas. Tan pronto emites un juicio, le asestas un golpe al amor divino. Y cuando te juzgas a ti mismo y no te aceptas, y crees que no eres valioso o que no eres digno de nada, estás eligiendo lo negativo. Niegas la Gracia del Cristo, que está a tu disposición todo el tiempo.

No tienes que juzgar tus experiencias; todo lo que tienes que hacer es completarlas. No se espera que tú sepas lo que está ocurriendo todo el tiempo o que le encuentres sentido a todo lo que sucede en tu entorno. Tan pronto comparas tu experiencia presente con una experiencia del pasado, estás juzgándola y los juicios que haces se vuelven en tu contra. De esa manera, te habrás expulsado del Espíritu. Para regresar al Espíritu debes volver al presente y amar lo que sea que esté sucediendo, porque, cuando vives sin expectativas, es imposible que te quedes atrapado en la negatividad.

La energía espiritual fluirá de manera natural hacia las áreas que estén más "dormidas" dentro de ti. Ella irá a la siguiente capa o nivel que necesite ser despertado y llevado a un estado de mayor conciencia. Ten paciencia contigo mismo en ese proceso. Permite que el Espíritu haga Su trabajo sin obstaculizarlo con tus juicios y con el abuso que ejerces sobre ti mismo. Y si la Luz ilumina tus faltas, deja ir la sensación de que tienes que superarlas. Sólo tienes que pasar más allá de ellas, soltarlas y arrepentirte, lo que significa no repetir tus errores.

Todos tendremos la oportunidad de revisar retrospectivamente cómo hemos vivido. Si has vivido tu vida sin adjudicarle tu "éxito" o tu "fracaso" a nada, cuando llegue el momento de revisarte, serás muy misericordioso contigo mismo.

También puedes tener misericordia con los demás. Sin importar la conducta, las apariencias o la forma de manifestarse, cada ser humano lleva su propio ritmo particular de progreso espiritual. Llevar su propio ritmo es su derecho divino. Tiene mucho más valor amarlos, que juzgarlos o criticarlos.

Dejar que el amor fluya puede ser muy fácil. Todo lo que haces es tomar una posición neutral; no una posición de credulidad o incredulidad, de juicio o prejuicio, sino una posición de receptividad. Tan pronto juzgas, agredes al amor; así que toma la actitud de que— sin importar adonde mires ni lo que veas—, todo es una manifestación del amor. Aquello que estás viendo es el amor frente a ti. El amor puede manifestarse de diferentes tamaños, formas y maneras, pero todo es amor. ¿Y cómo te liberas del ciclo de enjuiciamiento negativo? Consagra tu vida a Dios, al Espíritu y hazlo todo en nombre de Dios.

El Perdón Es La Llave Del Reino

A veces, todavía caes en la trampa de pensar que, si realmente fueras espiritual y realmente estuvieras viviendo las enseñanzas del Viajero, nada debería perturbarte, tampoco volverías a cometer errores y podrías manejar sin problema todo lo que se te presentase. Y parece que no es así como se dan las cosas. Con seguridad te seguirás molestando algunas veces y con seguridad te podrán lastimar en ocasiones. Pero no tienes que quedar fijado en eso para siempre. Puedes reconocerlo, soltarlo y seguir adelante.

En el Alma quedas liberado del pasado. No hay nada que hayas hecho que no puedas trascender, porque tú eres más grande que cualquiera de tus actos. Entonces, cualquier cosa que te haya sucedido en el pasado— con quien sea y sobre lo que sea—, es pasado. Es tan simple como eso, porque es *pasado*. Y tuvieran razón o no, sea que tú lo hayas hecho o no, o que ellos lo hayan hecho o no, todo eso es irrelevante. No pierdas tu tiempo en eso. Y si tuviste una niñez difícil y tus padres hicieron cosas que no fueron las más adecuadas, suéltalo y asume la responsabilidad de tu estado en este preciso momento en tu vida y cambia cualquier cosa que todavía estés cargando desde tu niñez.

No existe el vacío en estos universos, porque el Espíritu está en todas partes. Así que cuando te relajes en una posición y la sueltes, el Espíritu y la Luz llenarán ese espacio. Y cuando estás sintonizado con el Espíritu y experimentas el amor del Espíritu no importa la negatividad de otros y tampoco la tuya propia. Entonces, tienes amor y perdón por todo y para todos.

Por lo tanto, debes sacrificar cualquier imagen negativa que tengas de ti mismo y comprender que tú eres un ser espiritual, merecedor del amor y la Luz de Dios, sin importar cuáles sean tus faltas. Con esto te perdonas y te elevas hacia una expresión más positiva una vez más. Puedes hacerlo instantáneamente; no es necesario prolongar el castigo de la separación y de la negación. No hay nada que no pueda ser perdonado; no hay Alma que sea abandonada o perdida jamás. Así que mantén el perdón y el amor incondicional por ti mismo y los demás funcionando todo el tiempo.

Si queremos vivir una vida de buena salud, abundancia, felicidad y prosperidad, amando, cuidando y compartiendo, tendremos simplemente que perdonarlo todo, igual como lo perdona el Cristo, y seguir adelante viviendo una vida de iluminación. ¡Qué desafío, pero qué fácil es!

La Paz Es El Cese Del Antagonismo

De acuerdo al concepto mío, la paz es un estado natural de la especie humana. Somos hijos de un creador benevolente y la paz es nuestro eterno hogar. La paz es Dios, el Espíritu, el Uno—como quiera que lo llames—, y la paz siempre está disponible.

Comienzas a sentir la presencia de la paz cuando no estás en contra de nada ni de nadie. Y ser para ti mismo significa no estar en contra de nadie. Dado que todos somos uno, en última instancia, ser para ti mismo es ser para todos los demás en tu vida. Cuando despiertes a esa verdad y vivas de acuerdo a ella, la vida comenzará a abrirse para ti y te inundará la alegría.

A pesar de que 'paz' significa ausencia de antagonismo, tanto a nivel interno como externo, eso no descarta la presencia de la fricción, el perfeccionamiento y el avance hacia la excelencia. Se pueden tener puntos de vista divergentes sin llegar a la "guerra". A eso le llamo yo conversación, comunicación, diálogo e intercambio de ideas. Es la integridad la que le concede a todas las personas la oportunidad de expresar su verdad.

No pienses que tu vida estará exenta de conflictos. El conflicto puede existir dentro de la paz, pero tú no tienes que pelearte por él. Puedes decir: "No estoy de acuerdo con eso y tampoco con el enfoque que se le está dando. Yo estuve ahí y no vi nada de eso". Esa es una forma de conflicto, pero no implica antagonismo. El antagonismo es algo así como: "Oye, imbécil, yo estuve ahí y sé lo que pasó. ¡Despierta!". Eso es antagonismo y tú no alcanzas la paz, el amor y la alegría viajando por la vía de la ambición, la rabia y la venganza.

Entonces, siempre que seas testigo de alguna negatividad, en vez de fomentarla condenando a las personas involucradas, envíale Luz y amor a todos, incluso a aquellos que "metieron la pata". Empieza a agregarle paz a la situación con tu compasión, aceptación y entendimiento. Y cuando alcances una conciencia de amor por todas las cosas y por la Conciencia Única que está en todas partes, la paz y la armonía abrazarán tu corazón y reconocerás que en cada nivel de tu ser sólo existe el amor.

El Servicio Es La Forma De Conciencia Más Elevada En El Planeta

Cuidarte es una forma de darte servicio a ti mismo. Y si quieres experimentar al Cristo en tu vida cotidiana, la respuesta es bien simple: sirve, sirve, sirve. Yo diría: sirviendo, sirviendo, sirviendo. 'Sirviendo' significa ponerte de pie, moverte y hacer lo que hay que hacer en ese momento. Creo que encontramos al Cristo más fácilmente en esa manera de servir que en cualquier otra cosa. En la Biblia, Cristo dice: "En esto conocerán todos que sois mis discípulos: si tenéis amor los unos por los otros" (Juan 13:35). ¿Cómo sabremos que de verdad se aman los unos a los otros? Porque se ayudarán mutuamente, trabajarán juntos y se apoyarán entre sí. Y sencillamente tampoco se juzgarán los unos a los otros.

Puede que sea necesario dejar que los demás experimenten el sufrimiento y las tensiones en carne propia para que entiendan de qué se tratan y estén preparados para cosas más importantes que pueden sucederles más adelante. Tienen que aprender a manejar dificultades y a descubrir sus propias soluciones a esas dificultades. Todo el mundo crece con eso. Evitarle cosas a la gente es negarles su propia conciencia de Dios. No te preocupes, pues ellos encontrarán la solución y descubrirán su propio camino. Si les señalas el camino hacia la Luz, ellos encontrarán su propia manera de alcanzarla. Hay un viejo refrán que dice: "Dale a un hombre el pescado y lo alimentarás por un día; enséñale a un hombre a pescar y se alimentará para toda la vida". Si le enseñas a las personas a pescar, podrán alimentarse solas. Ellas quedarán libres y tú también. El amor puede ser perfecto en libertad, así que descubre dónde puedes apoyar en vez de interferir. Dar apoyo es una forma muy hermosa de amar.

Yo recibo cartas de personas que me dicen: "Me has enseñado tanto y hace mucho que sólo recibo de ti. ¿Como puedo comenzar a corresponderte?". Puedes manifestar el Espíritu en tu vida de una manera más completa y compartir ese Espíritu con los demás. Da amor, da comprensión. No sermonees a los demás; simplemente vive con ellos en la plenitud de tu amor. Conviértete en un fiel servidor de Dios, experimentando la alegría que surge de servir incondicionalmente.

El Amor Es Nuestro Salvador

El amor es todopoderoso. Jesús El Cristo manifestó el amor viviente entrando en esta dimensión y haciéndose cargo de todo, en el presente y para siempre. Jesús El Cristo, la realidad manifiesta, se puso al frente y dijo: "Vengo por todos", y eso incluye a todo el mundo, a cada persona en particular, sin importar la forma en que se exprese.

Amor viviente es amarte a ti mismo primero, para que puedas amar a los demás. Es cuidar de ti para que puedas ayudar a cuidar a los demás. Es hacer aquellas cosas que te hacen bien para que seas feliz, estés saludable y tengas alegría. Así que aprende a ser incondicionalmente amoroso contigo mismo. La relación que tienes contigo mismo es más importante que todas las demás, excepto tu "relación" con Dios. En realidad, tu relación con Dios y tu relación contigo mismo son lo mismo. Y cuando el amor venga a ti, no lo rechaces pensando en que no te lo mereces. Claro que te lo mereces, porque si no fuera así, el amor no llegaría a ti.

Es muy poco lo que puedes hacer por un individuo en cualquier situación que no sea amarlo completamente. Así que da amor y no le digas a las personas lo que tienen que hacer. En vez de eso, simplemente apóyalos con tu amor. Ese es definitivamente el mejor regalo. Y cuando experimentes el amor en tu interior y permitas que los demás entren en ti para que experimenten tu amor, descubrirás que tu propio amor crece.

Por encima de todo, lo importante para que sigas ascendiendo cada vez más alto es que todos los días invoques la esencia del amor espiritual. No permitas que nada te detenga en este esfuerzo, pues es más importante que cualquier otra actividad. El amor nos despierta. Cuando sientas que tu corazón espiritual, tu naturaleza divina se abren y se despliegan, agradécele a Dios desde lo más profundo de tu ser, que eso te esté sucediendo.

Ámalo Todo

Amar es la cualidad más importante que puedes cultivar en ti. Tu amor necesita extenderse incondicionalmente hacia *todas* las cosas. Ama todo lo que esté presente, sin excepción. Ámalo todo, asúmelo todo y, entonces, serás libre.

Incluso, cuando no te sientas con ganas de amar, ama la sensación de no sentir ganas de amar. Debes tratar por igual a tu amor y a tu depresión. Ansiedad, amor, depresión, felicidad, todo eso debe tratarse de la misma manera. Cuando lo haces, no hay espacio para nada "mejor" o "peor" dentro de ti y los juicios pierden poder en tu conciencia. Cuando tratas a tu depresión de la misma manera que a tu capacidad de amar, ninguna tiene más poder que la otra, así que eres libre de escoger la expresión que quieras.

Ama tu karma pues éste te da la oportunidad de aprender y de volverte más sabio. Incluso, si amas tus creaciones negativas, puedes cambiar la energía que tienen y liberar karma. De hecho, tienes la posibilidad de cambiar el flujo kármico de tu vida con tu capacidad de amar. Puedes lograr un mayor desarrollo amando al Dios en ti y en los otros. Así que, en vez de decir en relación a tu situación de vida: "Es mi karma, así que no puedo hacer nada", cámbialo por: "Ese es mi karma y lo voy a completar para poder ser libre". No tienes que culpar al karma de las dificultades de tu vida, porque puedes completar tu karma a través del amor.

A medida que aprendas a reconocer el Alma y la divinidad en cada persona, serás capaz de amar a todos los que te encuentres. Y si sientes que alguien te destruyó la vida, también debes amarlo. Esa persona también es Espíritu y una parte de Dios, igual que tú. No tienes que caer rendido a sus pies, sino simplemente dejar a la persona en paz. Pero debes hacerlo en un estado de conciencia neutral, es decir, en un estado ni positivo ni negativo.

Puedes seguir amando y sintiendo compasión en medio de todos los conflictos y estupidez aparentes de este mundo. Puedes recurrir a tu interior y decir: "De todas maneras, voy ayudar". Ese es el Espíritu y Dios que se manifiestan a través tuyo ante el Dios de todas las personas. Es un regalo tanto para ti como para ellos y el sentido de este mundo.

Como la clave es ser amoroso, renunciarás a todas las consideraciones, a todas las dudas y a todas las razones para no ser amoroso y serás amoroso en cada una de las situaciones de tu vida. Porque el amor, cuando es suficiente, se encarga de todo. Si tienes dificultades para resolver una situación es porque no sientes suficiente amor por ella. Así que tu próximo paso esta justo frente a tus ojos: consigue más amor. Tu labor en este mundo es tener experiencias y eso es todo lo que tienes que hacer. Es al *amar* tu experiencia, al *amar* tu expresión que descubres la alegría interior, esa dicha que te demuestra la presencia del Viajero.

Baruch Bashan

Baruch bashan significa "las bendiciones ya existen", y la frecuencia intrínseca de esas palabras hebreas le comunica las bendiciones a tu conciencia. Todas las bendiciones que se manifestarán alguna vez están presentes aquí y ahora. Todo lo que tú tienes que hacer es ponerte en contacto con la realización de esas bendiciones.

Viviendo en la Gracia

¿Qué trabajo viniste a hacer aquí? Lo más inmediato que tengas frente a ti. Y tienes dos alternativas: vivir bajo la ley del karma o vivir bajo la Gracia del amor de Dios. Puedes elegir la que quieras. En cualquier caso, la Gracia de Dios nunca prometió que no tendrías ningún sufrimiento. Lo único que dijo fue que puedes vivir en el Espíritu mientras caminas por este mundo.

Por eso, entrégale tu lealtad al Alma y a tu conciencia del Alma *aquí mismo y ahora mismo*. Elévate por encima del mundo inferior y vive en la Gracia que tu propio Espíritu te puede brindar. Te sostienes mejor en la conciencia de la Gracia cuando se expresan amor los unos a los otros. En esa conciencia de la Gracia todo se renueva y, entonces, cada uno resucita a la conciencia de Dios y se convierte en el Bienamado y camina con la conciencia del Viajero de lleno al Corazón de Corazones, de lleno hasta Dios.

Hay Que Ser Muy Valiente Para Ver El Rostro De Dios

Una de las razones por la que se necesita mucho valor para ver el rostro de Dios es porque tienes que ver claramente tu propio rostro primero. Debes verte a ti mismo y todo lo que has creado con toda claridad y honestidad. Es necesario que confrontes la negatividad y que disuelvas toda la negatividad que has colocado afuera. Esto, a veces, no es fácil.

El rostro de Dios yace en el otro lado de todas las ilusiones del mundo físico, imaginativo, emocional, mental e inconsciente. El camino hacia ese otro lado es a través de estos mundos. Por Gracia del Viajero, puedes acceder a la conciencia del Alma y usar esa perspectiva más elevada para guiarte en el camino, de manera que no quedes atrapado nuevamente en las autopistas y las vías secundarias de los mundos inferiores.

De hecho, para ver el rostro de Dios tienes que retroceder y dejar de desear, soltando todos los patrones de deseo. ¿De qué te sirve ganar todo el mundo físico si pierdes tu conciencia del Alma?

Logras la fuerza para ver el rostro de Dios mirando tu propio "lado oscuro", amando aquello que parece no ser perfecto, eligiendo continuamente la corriente de energía positiva e infundiéndole Espíritu a tu conciencia y cambiando aquello que ha sido un obstáculo en tu camino. Y aun así, tu capacidad de ver el rostro de Dios depende mucho más de tu actitud, que de lo que haces o dejas de hacer a nivel físico.

Para ver el rostro de Dios tienes que ver el rostro de Dios en todas las personas también. Eso sí que exige mucho valor, porque tienes que trascender tu personalidad, tus prejuicios y tus puntos de vista constantemente, hasta llegar a reconocer tu unidad con esas otras personalidades allá afuera. También debes ser muy valiente para ver tu propio rostro-de-Dios y no dejarte llevar por el engreimiento y el ego que eso provoca. Se necesita valor para afirmar: "Yo soy Dios y estoy haciendo lo necesario para comprenderlo mejor. Sé que todos los demás también son Dios y que todos nos estamos elevando juntos".

Entonces, recuerda siempre que eres un heredero al trono. Y cuando reconozcas eso y asumas la conciencia espiritual, estarás preparado para ver a Dios. Verás a

Dios no en el cuerpo físico, sino en el cuerpo del Alma. Solamente puedes percibir al Espíritu a través del Espíritu. De la misma manera que usas tus ojos físicos para percibir el mundo físico, debes usar tus ojos espirituales para percibir las cualidades espirituales.

El Precio De La Libertad Es La Vigilancia Eterna

Vigilancia eterna significa saber que, mientras estés en el cuerpo físico, necesitas hacer aquellas cosas que te mantienen en equilibrio y elevan tu Espíritu. Si permites que tu disciplina se afloje, la fortaleza que has construido puede comenzar a debilitarse; entonces, pequeños pensamientos apenas perceptibles en contra de esa persona o situación, pueden comenzar a alterar tu paz y tu felicidad. Realmente no hay descanso en el camino espiritual.

Y es en *este* momento que debes estar vigilante. Es en *este* momento que debes cuidar tus palabras, tu conducta y tus pensamientos. Comienzas a crear tu libertad cuando pones cuidado en todo lo que pones en movimiento, tanto a nivel sexual, físico, emocional, mental como financiero. Por eso, para que puedas aprender de tus experiencias, debes observarte a ti mismo mientras caminas por la vida. Mantente consciente y despierto.

La libertad se logra tomando conciencia. Si caes en la "inconciencia" y permites que te manejen tus emociones y tus "pensamientos podridos", te puedes quedar atascado en esos niveles.

En consecuencia, mantente equilibrado física, emocional y mentalmente. Sé neutral y amoroso. Sé honesto al relacionarte contigo mismo y con todos los que te rodean. Tal vez sientas como si estuvieras caminando sobre "la cuerda floja" en relación a los pocos años que pasas en este lugar, pero eso está bien. No estarás aquí por mucho tiempo y las recompensas merecen el esfuerzo. Y si ésta es tu última encarnación, ¿qué te importan cinco, diez o quince años de observación y aprendizaje? No te será de mucha utilidad pasar corriendo por esta vida, sólo para tener que regresar y correr otras ochenta más, o para darte cuenta que aún te faltan 180 vidas porque, en esta oportunidad, no prestaste atención, agravando los problemas de tu existencia en vez de observarlos.

Incluso, cuando estés en el Alma, debes seguir ejercitando la conciencia despierta y la vigilancia eterna, porque la negatividad de este nivel físico tiende a hacerte retroceder hacia las áreas negativas. Es fácil hacerte retroceder con los juicios, las acusaciones, las separaciones o las diversas formas en que te cierras a tu amor. Por lo tanto, cuida de ti en todos los niveles; no seas flojo en cómo acometes tu propia vida espiritual. Haz todo lo que implique elevarte, comparte con otras personas que también vayan por un sendero ascendente, se amoroso contigo mismo y con los demás, entona los nombres sagrados de Dios y obsérvate en todas las situaciones. Con la práctica, eso es lo más de fácil de hacer en el mundo, porque es lo que te hará mejor a la larga.

Persiste Hasta El Final

Ustedes, los que están escalando el camino interior, sólo necesitan una bendición: capacidad de aguante, porque aquellos que acatan la ley espiritual hasta el final y soportan todas las cosas, reciben el regalo más preciado de la conciencia del Alma, que es la vida eterna a través de la conciencia eterna, en todos los niveles y en todas las existencias.

Esto significa que tú debes seguir avanzando sin importar lo que ocurra, cómo te sientas tú, cómo se sientan los demás, lo que pienses tú o lo que piensen los demás. Independientemente de lo que sea o de lo que no sea, tú sigues adelante, porque realmente no tienes otra opción. Así que, sin importar lo que se diga o lo que suceda, tú debes pasar siempre a lo siguiente. Si estás en lo correcto, sigues adelante y si estás equivocado, sigues adelante. 'Correcto' o 'incorrecto' no representan ni siquiera puntos de desacuerdo. Tú sigues avanzando.

Si estás inmerso en una ilusión, atraviésala y si vives en la verdad, avanza hacia verdades aún mayores.

A medida que alcanzas una mayor elevación en el Espíritu, las cosas que eran importantes para ti en los primeros años de trabajo espiritual, siguen teniendo importancia. Sigue siendo importante enviarle la Luz a las personas para su mayor bien. Sigue siendo importante invocar la Luz y pedirle que te llene, te rodee y te proteja. Todavía es importante que coloques la Luz por delante en tus actividades cotidianas. Todavía es importante que cantes tu tono iniciatorio, ya que es el soporte de tu salud espiritual. No permitas que esos hábitos te abandonen a medida que pasen los años, porque en ellos radica tu fuerza.

Si has estado avanzando y ascendiendo en tu evolución espiritual y te cansas y decides que vas a tomarte un receso, ten cuidado. No podrás quedarte quieto. Si detienes tu progreso ascendente, lo más seguro es que comiences a retroceder. Aquellos que al enfrentar adversidades han mantenido el enfoque positivo del Espíritu atravesando todo tipo de dificultades, se han forjado la fortaleza para ascender hacia "las alturas" paso a paso. Y si tú te has elevado pisando en los peldaños de tu propia experiencia, no caerás muy lejos, aunque comiences a resbalar.

Alcanzas el Espíritu creando la fortaleza del Espíritu a través de los ejercicios espirituales. Conservas tu sintonía con el Espíritu haciendo ejercicios espirituales de manera constante; escuchando la Palabra de Dios que se expresa tanto en tu conciencia interna como en las escrituras sagradas y en los seminarios; entonando el nombre de Dios y viajando en la Corriente del Sonido de regreso al Corazón de Dios, a través de lo que no tiene forma.

Siempre Habrá Un "Etcétera"

En las enseñanzas del Movimiento decimos: "Etcétera", ETC[1], que significa "Conciencia Eternamente Viajante". No tiene punto al final, porque continúa para siempre. Tú sigues adelante, a pesar de todo, haciendo caso omiso de todas las personas y situaciones que te bloquean. No importa qué influencia síquica te afecte, no importa quién "te ponga de patitas en la calle", no importa cuántas veces te despidan, no importa cuántos ataques al corazón te den, siempre es "etcétera", pues tu propio movimiento del sendero interno del Alma es una evolución sin comienzo y sin final.

Cuando creas que has alcanzado lo máximo, ve cuál es tu paso siguiente. Cuando creas que has aprendido todo lo que hay para aprender, ve quién será el próximo maestro que te despertará a tu siguiente nivel. Recuerda que la evolución es infinita, así que si alguna vez crees

[1]ETC = Eternally Traveling Consciousness (en inglés)

que lo lograste, reconoce que el 'etcétera' se te acerca por detrás. No importa que te quedes atrapado en una ilusión; vas a abandonarla, porque sigues avanzando, así que no te preocupes.

No puede haber un final en la evolución espiritual, porque nunca hubo un comienzo. Sólo existe el *ahora*. Es más, el Alma no es tu meta máxima; tu meta máxima es Dios. Tampoco te detienes cuando alcanzas la conciencia del Alma, sino que sigues adelante, alcanzando niveles de Dios aún más grandes y profundos. Y cuando digas: "Ya está; encontré a Dios", sigue adelante, porque no hay limites en los reinos espirituales. El progreso sigue y sigue, lo que implica ganar en conciencia continuamente. Con cada próximo paso podrás profundizar tu conciencia de Dios y acrecentar la alegría del Espíritu. Así que bendice cada paso que des, sabiendo que el Viajero camina junto a ti.

Baruch Bashan

Glosario

Alma. Extensión de Dios, individualizada dentro de cada ser humano. El elemento básico de la existencia humana, conectado con Dios para siempre. El Cristo que habita en nuestro interior, el Dios interno.

aura. Campo de energía electromagnética que rodea al cuerpo humano. Tiene color y movimiento.

baruch bashan (ba-ruj ba-chan). Palabras en Hebreo que significan "las bendiciones ya existen".

Bienamado. El Alma; el Dios interno.

Conciencia Crística. Conciencia universal de Espíritu puro. Existe dentro de cada persona mediante el Alma.

conciencia del Alma. Estado positivo del ser. Una vez que una persona se establece en la conciencia del Alma, deja de estar atada o ser influenciada por los niveles inferiores de la Luz.

Conciencia del Viajero Místico. Energía de la fuente más elevada de Luz y Sonido, cuya misión espiritual en la Tierra es despertar a las personas a la conciencia del Alma. Esta conciencia ha estado siempre anclada en el planeta a través de una persona, al menos.

Corriente del Sonido. Energía audible, que fluye de Dios a través de todos los reinos. Energía espiritual por la cual una persona regresa al corazón de Dios.

diezmar. Práctica espiritual de dar a Dios el diez por ciento de las ganancias que uno obtiene, entregándoselo a la fuente de las enseñanzas espirituales que uno sigue.

Disertaciones del Conocimiento del Alma. Textos que los estudiantes del MSIA leen todos los meses como su estudio espiritual. Parte importante de las enseñanzas del Viajero en el nivel físico.

Disertaciones. Ver Disertaciones del Conocimiento del Alma.

ee.ee. Ver ejercicios espirituales.

ejercicios espirituales (ee.ee.). Entonar el HU (jiú), el Ani-Hu (anai-jiú), o el tono iniciatorio propio. Técnica activa para trascender la mente y las emociones, usando un tono espiritual para conectarse a la Corriente del Sonido. Asiste a la persona a romper las ilusiones de los niveles inferiores y, a la larga, a alcanzar la conciencia del Alma. Ver también tono iniciatorio o de iniciación.

escuelas místicas. Escuelas en el Espíritu, en las que un iniciado recibe entrenamiento e instrucción. Los iniciados de la Conciencia del Viajero estudian en escuelas místicas amparadas por el Viajero.

Espíritu Santo. Energía positiva de la Luz y el Sonido, que proviene del Dios Supremo. Fuerza vital que sostiene todo lo existente, en toda la creación. Trabaja sólo para el mayor bien. Es la tercera parte de la Trinidad o del Dios Supremo.

Espíritu. Esencia de la creación. Infinito y eterno.

iniciación (tono inciatorio o de iniciación). En el MSIA, es el proceso de ser conectado a la Corriente del Sonido de Dios.

karma. Ley de causa y efecto: "Cosechas lo que siembras". Responsabilidad de cada persona por sus actos. La ley que dirige y, a veces, domina la existencia física de un ser.

Luz[2]. Vivir en los pensamientos sagrados de Dios. Energía del Espíritu que impregna todos los reinos de existencia. También se refiere a la Luz del Espíritu Santo.

Maestro Interno. Expresión interna del Viajero Místico, que existe dentro de la conciencia de una persona.

Movimiento del Sendero Interno del Alma (MSIA). Iglesia, cuyo principal enfoque es llevar a las personas a que tomen conciencia de la Trascendencia del Alma. John-Roger es su fundador.

Nivel "del noventa por ciento". Segmento de la existencia de una persona más allá del nivel físico; es decir, la existencia de uno en los reinos astral, causal, mental, etéreo y del Alma.

Nivel "del diez por ciento". Nivel físico de existencia, en comparación con el noventa por ciento de la exis-

[2] L.I.G.H.T. = Living in God's Holy Thoughts (en inglés)

tencia de una persona, que trasciende el reino físico. Ver también nivel del "noventa por ciento".

poder negativo. Funciona desde el reino causal e instituye el karma en el planeta. "Fuerzas leales de la oposición", que se aseguran de que las personas aprendan sus lecciones aquí.

reino astral. Reino psíquico-material por encima del reino físico. Reino de la imaginación. Se entrelaza con el físico como una frecuencia vibratoria.

reino causal. Reino psíquico-material por encima del reino astral y por debajo del reino mental. Se entrelaza un tanto con el reino físico como una frecuencia vibratoria. Reino emocional y punto de partida de causa y efecto.

reino del Alma. Reino por encima del reino etéreo. El primero de los reinos positivos y el verdadero hogar del Alma. Primer nivel donde el Alma se da cuenta, conscientemente, de su verdadera naturaleza, de su existencia pura y de su unidad con Dios.

reino etéreo. Reino psíquico-material por encima del reino mental y por debajo del reino del Alma. Se equipara con el nivel inconsciente o subconsciente. A veces conocido como el reino esotérico.

reino físico. La Tierra. Reino psíquico-material, dónde los seres viven en un cuerpo físico.

reino mental. Reino psíquico-material por encima del reino causal y por debajo del reino etéreo. Se relaciona con la mente universal.

reinos inferiores. Ver reinos negativos.

reinos negativos. Reinos por debajo del reino del Alma; a saber, reinos físico, astral, causal, mental y etéreo. Estos no son "malos", sino más bien "negativos" como el polo negativo de una batería. Ver también reinos positivos.

reinos positivos. Reino del Alma y los 27 niveles por sobre el reino del Alma. Son "positivos" como el polo positivo de una batería. Ver también reinos negativos.

sembrar. Una forma de orar a Dios por algo que uno quiere que se manifieste en el mundo. Se hace colocando una "semilla" (dando una cantidad de dinero) en la fuente de las enseñazas espirituales de uno.

seminario. Charla dada por John-Roger o John Morton; también cinta de audio, CD, Video o DVD de una charla que alguno de ellos haya dado.

tono iniciatorio o de iniciación. En el MSIA, palabras cargadas espiritualmente, que se le dan a un iniciado durante una iniciación en la Corriente del Sonido.

Trascendencia del Alma. El proceso de llevar la conciencia hasta el reino del Alma y más allá.

Viajero. Ver Conciencia del Viajero Místico.

yo superior. El "yo" que funciona como el guardián espiritual de uno, y nos conduce hacia aquellas experiencias que nos permiten alcanzar nuestra mayor evolución espiritual. Tiene conocimiento del patrón de destino que hemos acordado antes de encarnar.

Acerca del Autor

Por más de cuarenta y cinco años, el Dr. John-Roger ha dedicado su vida al trabajo espiritual de la Trascendencia del Alma, que significa reconocerse a uno mismo como Alma y uno con lo Divino. En el curso de su trabajo, ha viajado y ha hablado de manera extensa en todo el mundo y ha escrito más de cincuenta libros, dos de los cuales han figurado en la lista de los libros mas vendidos del New York Times. Ha dado más de seis mil charlas, muchas de las cuales son presentadas a nivel nacional en EE.UU., en su programa de televisión, "That Which Is".

John-Roger es el fundador y consejero espiritual de la iglesia ecuménica del Movimiento del Sendero Interno del Alma (MSIA); fundador, primer presidente y ahora rector de la Universidad de Santa Mónica; fundador y presidente del Seminario Teológico y Escuela de Filosofía Paz; fundador y presidente del directorio de los Seminarios Insight; fundador y primer presidente del Instituto para la Paz Individual y Mundial; y fundador de la Fundación Heartfelt.

La sabiduría, el humor, el sentido común y el amor de John-Roger han ayudado a las personas a descubrir el Espíritu dentro de ellas, y a lograr una mejor salud y alcanzar mayor prosperidad y paz. John-Roger continúa transformando vidas, educando a las personas en la sabiduría del corazón espiritual.

Para más información acerca de John-Roger, puedes visitar: www.john-roger.org

Disertaciones del Conocimiento del Alma

Un curso sobre la Trascendencia del Alma

Las Disertaciones del Conocimiento del Alma tienen como propósito enseñar la Trascendencia del Alma, lo que significa lograr una mayor conciencia de uno mismo como Alma y uno con Dios, no en teoría sino como una realidad viva. Dirigidas a las personas que quieren un enfoque consistente y comprobado en el tiempo, para encarar su propio despertar espiritual.

Un juego de Disertaciones del Conocimiento del Alma consiste de doce librillos y se estudian y contemplan de a uno por mes del año. Puedes activar la conciencia de tu Alma y profundizar tu relación con Dios a medida que lees cada una de las Disertaciones.

Espirituales en esencia, las Disertaciones son compatibles con cualquier creencia religiosa que se tenga. De hecho, la mayoría de las personas descubren que las Disertaciones apoyan la experiencia de cualquier camino, filosofía o religión (si las hay) que ellos elijan seguir. Dicho de manera simple, las Disertaciones tratan verdades eternas y la sabiduría del corazón espiritual.

El primer año de Disertaciones se dedica a temas que van desde la creación del éxito en el mundo hasta el trabajo de la mano con el Espíritu.

Una suscripción anual de Disertaciones regularmente cuesta US$100. El MSIA ofrece el primer año de Disertaciones a un precio de oferta de US$50 (por lo general, dentro de los EE.UU.). Las Disertaciones vienen con una garantía de devolución del monto completo, sin cuestionamientos. Si decides, en cualquier momento, que estos estudios no son para ti, simplemente devuelve las Disertaciones y, a la brevedad, recibirás el reembolso completo de tu dinero.

Para ordenar las Disertaciones del Conocimiento del Alma, contactar al Movimiento del Sendero Interno del Alma llamando al 1-800-899-2665 (EE.UU.), enviando un correo a pedidos@msia.org, o visitando la Tienda en Línea del MSIA en www.msia.org.

Recursos y materiales de estudio por John-Roger, D.C.E.

Los siguientes libros y materiales pueden servir de apoyo para aprender más sobre las ideas presentadas en este libro. Si deseas adquirir otros libros, CD's y DVD's, ponte en contacto con el MSIA, llamando al 1-800-899-2665 (EE.UU.), envía un correo electrónico a pedidos@msia.org o visita nuestra Tienda En Línea en www.msia.org. Los libros de John-Roger también están a la venta en liberarías locales (EE.UU.).

El Guerrero Espiritual: El Arte de Vivir con Espiritualidad

Lleno de sabiduría, humor, sentido común y herramientas prácticas para llevar una vida espiritual, este libro ofrece consejos prácticos para hacernos cargo de nuestra vida y crear mayor salud, felicidad, riqueza y amor en ella. Convertirse en un Guerrero Espiritual no tiene nada que ver con la violencia. Se trata de utilizar las cualidades positivas que éste posee: intención, implacabilidad e impecabilidad, para contrarrestar los hábitos personales negativos y las relaciones destructivas, especialmente cuando te confronta la adversidad.

El Tao del Espíritu

El propósito de esta bella colección de pensamientos es liberarte de las distracciones del mundo exterior y guiarte de regreso a la quietud de tu mundo interior. El Tao del Espíritu te ofrece una inspiración para cada día y nuevas técnicas para manejar el estrés y la frustración. Qué maravillosa manera de empezar o terminar el día: recordando que podemos dejar ir los problemas cotidianos, recibiendo una renovación de la fuente misma en el centro de tu existencia. Muchas personas usan este libro para prepararse cuando van a meditar o a orar.

Perdonar: La Llave del Reino

El perdón es el factor clave para la liberación personal y el progreso espiritual. Este libro presenta valiosa información para lograr una comprensión profunda del perdón y la resultante de dicho proceso, que es alegría y libertad personal. La ocupación de Dios es el perdón. Este libro nos anima y nos proporciona las técnicas necesarias para que nosotros también podamos practicarlo.

Mundos Internos de la Meditación

En este manual de auto-ayuda para la meditación, las prácticas de meditación se transforman en recursos valiosos y prácticos para explorar los planos espirituales y enfrentar la vida con mayor efectividad. Incluye una gran variedad de meditaciones, que pueden utilizarse para adquirir una conciencia espiritual más profunda, lograr una mayor relajación, equilibrar las emociones y aumentar la energía.

Amando Cada Día para los que Hacen la Paz: Elegir la Paz Cada Día

¿La paz? Parece un ideal noble y, a la vez, una elusiva realidad. La paz entre las naciones se edifica sobre la paz entre los individuos y la paz entre los individuos depende de la paz dentro de cada persona. Amando Cada Día para los que Hacen la Paz es mucho más que una teoría o una idea; guía a sus lectores a encontrar sus propias soluciones para experimentar la paz.

Meditación del Equilibrio Corporal (Material en audio)

Este es el único cuerpo que tendrás en esta vida. La cosa es vivir en él de la mejor forma posible. Tú eres quien puede llevar eso a cabo. A través de este proceso de reprogramación, podrás lograr un peso equilibrado y apoyar a tu salud en todos los niveles.

Meditación de la Objetividad (Material en audio)

En esta cinta, John-Roger define las interacciones que existen entre el orgullo, las excusas, la ambición, la sensación de carencia, el enojo y el círculo vicioso que creamos a través de estas expresiones de nuestra conducta. John-Roger nos guía a través de esta meditación, con su sabiduría acostumbrada, enseñándonos la libertad que existe en la observación.

La Meditación del Cristo (Material en audio)

(Seminario de Nochebuena). John-Roger nos habla de lo "novedoso" del Cristo y explica que las energías que Jesús trajo al planeta aún están presentes, en el aquí y el ahora, y que cada persona debe prepararse para asumir la Conciencia Crística.

Si tienes comentarios o sugerencias, ponte en contacto con

Mandeville Press
P.O. Box 513935
Los Angeles, CA 90051-1935 EE.UU.
1-323-737-4055 (EE.UU.)
jrbooks@mandevillepress.org
www.mandevillepress.org

www.ingramcontent.com/pod-product-compliance
Lightning Source LLC
LaVergne TN
LVHW091045080826
845145LV00002B/625

* 9 7 8 1 9 3 5 4 9 2 0 6 1 *